CRÍMENES DE LOS NAZI

Los Atentados más Atroces y Actos Antisemitas Causados por los Supremacistas Blancos

CLARK ROBERTS

© **Copyright 2021 – Clark Roberts - Todos los derechos reservados.**

Este documento está orientado a proporcionar información exacta y confiable con respecto al tema tratado. La publicación se vende con la idea de que el editor no tiene la obligación de prestar servicios oficialmente autorizados o de otro modo calificados. Si es necesario un consejo legal o profesional, se debe consultar con un individuo practicado en la profesión.

- Tomado de una Declaración de Principios que fue aceptada y aprobada por unanimidad por un Comité del Colegio de Abogados de Estados Unidos y un Comité de Editores y Asociaciones.

De ninguna manera es legal reproducir, duplicar o transmitir cualquier parte de este documento en forma electrónica o impresa.

La grabación de esta publicación está estrictamente prohibida y no se permite el almacenamiento de este documento a menos que cuente con el permiso por escrito del editor. Todos los derechos reservados.

La información provista en este documento es considerada veraz y coherente, en el sentido de que cualquier responsabilidad, en términos de falta de atención o de otro tipo, por el uso o abuso de cualquier política, proceso o dirección contenida en el mismo, es responsabilidad absoluta y exclusiva del lector receptor. Bajo ninguna circunstancia se responsabilizará legalmente al editor por cualquier reparación, daño o pérdida monetaria como consecuencia de la información contenida en este documento, ya sea directa o indirectamente.

Los autores respectivos poseen todos los derechos de autor que no pertenecen al editor.

La información contenida en este documento se ofrece únicamente con fines informativos, y es universal como tal. La presentación de la información se realiza sin contrato y sin ningún tipo de garantía endosada.

El uso de marcas comerciales en este documento carece de consentimiento, y la publicación de la marca comercial no tiene ni el permiso ni el respaldo del propietario de la misma.

Todas las marcas comerciales dentro de este libro se usan solo para fines de aclaración y pertenecen a sus propietarios, quienes no están relacionados con este documento.

Índice

Introducción	vii
1. Los instrumentos de tiranía de Hitler	1
2. Maltrato y asesinato de los prisioneros de guerra	13
3. Crímenes de guerra en altamar	33
4. Los campos de concentración	53
5. La masacre de Lídice	97
6. La cronología del movimiento Nazi	117
7. Los juicios de Núremberg	149
Conclusión	163

Introducción

La historia del mundo está llena de manchas, borrones, y miles de historias que desearíamos borrar por sobre todas las cosas. Unas, por supuesto, mucho peores que otras. Claramente, si hablamos de capítulos oscuros de nuestro pasado como sociedad, no podíamos dejar fuera a la Segunda Guerra Mundial.

Iniciada en 1939 cuando Alemania invadió Polonia, el deseo alemán por el control mundial y el establecimiento de una "raza superior" los llevó a cometer los más atroces crímenes qué, durante los seis años qué duró la guerra, aterrorizarían las vidas de millones de judíos, polacos, checos, gitanos, y muchos otros grupos más.

Introducción

Todos hemos escuchado las historias sobre la Segunda Guerra Mundial. La forma inhumana en la que los judíos, principalmente, eran perseguidos, encarcelados, aprisionados, y finalmente asesinados. Pero, ¿sabes con certeza a qué grado podía llegar la crueldad alemana?

Desde muerte por inanición hasta conejillos de indias humanos. Los alemanes no conocían el límite y encontraban placer en infligir dolor a otros, especialmente aquellos que consideraban racialmente inferiores.

Los campos de concentración, infames alrededor de todo el mundo, fueron unas de las principales herramientas para lograr este cometido. Millones de individuos, mezclados entre las etnias mencionadas anteriormente, pasaron por las cámaras de gas que estas prisiones albergaban para nunca más volver a ver la luz del sol. Hombres, mujeres, enfermos, e incluso los niños, nadie estaba exento de este cruel destino.

Por supuesto, es imposible decir que Adolf Hitler, el principal protagonista de esta guerra, cometió todos estos crímenes con sus propias manos. El mecanismo de tortura y terror que había formado estaba lleno de hombres leales y fielmente creyentes de su cosmovisión.

Introducción

Desde el general de más alto rango hasta el operador más mundano, todos los pertenecientes a este sistema jugaban un rol vital para los planes finales de exterminio del despiadado Führer.

En este libro te presento algunos de los crímenes más famosos, y de los cuales se ha podido tener registro, que cometió el partido Nazi antes de su redición en 1945, el rol importante de la SS, la Gestapo, y muchas de las otras organizaciones cómplices que ayudaban a difundir el miedo entre los ciudadanos de los territorios ocupados e incluso en los propios alemanes, y te daré una vista detallada de los horrores que vivían los prisioneros de los campos de concentración.

Finalmente, como toda gran guerra, las secuelas que este movimiento, principalmente antisemita, dejó en el mundo parecieran no haber sanado de todo, sin embargo, después de qué las fuerzas aliadas pudieran concretar la caída del régimen Nazi, la justicia salió a la luz, y muchos de los principales perpetradores de estos crímenes fueron enjuiciados en Núremberg poco después de qué la guerra se hubiera declarado como finalizada.

1

Los instrumentos de tiranía de Hitler

DESDE EL PRIMER momento en el que Hitler llegó al poder, él y el ejército Nazi comenzaron a ejecutar el plan o conspiración común, cuyas metas ya habían sido establecidas en Mein Kampf (o "Mi lucha", el libro autobiográfico de Hitler), y el cual incluía una serie de crímenes en contra de la paz, crímenes de guerra, y otros crímenes en contra de la humanidad.

Aquellos que permitieron la ejecución de esta conspiración fueron el ejército Nazi; los cuerpos de Liderazgo (conocidos como los Leadership Corps) era la cadena de comando civil por el cual se activó el plan principal.

. . .

Todos los miembros debían alzar juramento anualmente bajo la siguiente premisa "Juro lealtad eterna a Adolfo Hitler. Juro obediencia incondicional a él y al Führer que él determine".

Desde el punto central, quien era el Führer por sí mismo, y a través del Gauleiter, Kreisleiter, Ortsgruppenleiter, Zellenleiter, y Blockwart, la corriente de la doctrina Nazi fluyó de manera aplastante al interior de cada casa en Alemania. El Gauleiter era encargado del distrito, el Kreisleiter del país, y el Blockleiter (o Blockwart) era responsable de alrededor de 50 hogares. Cada uno de estos funcionarios, al nivel que se les había autorizado, tenía una persona que controlaba cada aspecto de la vida de los civiles: educación, propaganda, periodismo, finanzas, justicia, etc.

Inmediatamente por debajo de Hitler se encontraban los Reichsleiters: Rosenberg, von Schirach, Frick, Bormann, Frank, Key, Goebbels, y Himmler. Cada uno le respondía a el Führer sobre una faceta definida de las políticas Nazi, es decir, ellos eran los encargados de supervisar y hacer cumplir ciertos aspectos de la filosofía de Hitler. Llevaban a cabo las instrucciones que les otorgaba su líder.

Su tarea más alta era asegurar la preservación del partido Nazi y mantener bien afilada la espada para el Führer. Su deber se limitaba a las políticas generales y no realizaban realmente tareas administrativas detalladas.

Los siguientes miembros más importantes en la cadena de mando eran los administradores, que en algún momento fueron descritos como una "jerarquía de césares descendientes" haciendo referencia al antiguo emperador romano. Alemania se había dividido entre una cierta cantidad de regiones administrativas extensas, cada una de las cuales era denominada como "Gau". Estas zonas tenían su propio líder político, un Gauleiter, quien le reportaba directamente al Führer sobre los acontecimientos que sucedían en su área.

Los Gaus se dividían en trozos de tierra aún más pequeños denominados condados, distritos urbanos y rurales, y celdas y bloques. De esta forma, el oficial Nazi tocaba la vida de los citadinos en cada una de las esquinas de las ciudades, pero tendía a ser el César más pequeño – el Blockwart – quien representaba a tirano más grande de todos.

. . .

Los Blockwarts tenían la misión de espiar a todas las casas y familias, quien tenía informantes en cada hogar de la región; fue gracias a los que estaban en este nivel de mando que la propaganda Nazi podía encarcelar por completo a cualquier individuo que anduviera por Alemania.

De acuerdo con el manual del partido, era el deber del Blockwart encontrar a las personas que estuvieran esparciendo rumores dañinos y reportarlos a sus superiores. "No solo debe ser un predicador y defensor de la ideología socialista nacional dedicada a los miembros de la nación y el partido que se le ha sido confiado, sino que también debe aspirar a alcanzar la colaboración práctica de los otros miembros del partido dentro de su bloque… debe de tener a un informante en cada uno de los hogares" era como estaba estipulado en el manual.

Cada ciudadano alemán se encontraba directamente con su Führer a través de los Blockwarts, y había alrededor de medio millón de ellos colocados en los diferentes Gaus de Alemania. Fue de esta forma que Hitler pudo extender el alcance de su agarre y tener al país entero en la palma de su mano.

De la misma manera que fue durante épocas de paz, igualmente fue en época de guerra. Había un Gauleiter en Holanda, y uno en Alsacia; Polonia, los Estados Bálticos, los Territorios del Este, todas estas zonas tenían su propio Gauleiter, y las lecciones que el partido Nazi había enseñado al principio dentro de sus propios territorios también eran forzadas en el extranjero. El mismo sistema que había logrado someter a todos los alemanes ante la voluntad del Führer sería la misma que esclavizaría a las personas de los territorios que sus ejércitos habían invadido, y ahora se encontraban bajo la ocupación alemana.

Sin duda, existían muchos alemanes que nunca fueron fanáticos Nazi y quienes consideraban a Hitler como presuntuoso vulgar y sus filosofías como pensamientos altamente displacenteros. Sin embargo, ninguno de estos se encontraba en la SS, la organización que era el corazón central del Nazismo. Sus miembros eran discípulos ciegos del Führer y no compartían su lealtad con otros hombres, ni siquiera Dios mismo.

Durante las primeras fases de los juicios de grandes criminales de guerra alemanes, en Nuremburgo, existió entre las columnas de un periódico local la instancia de un reportero que visitó un campo en el cual prisioneros de la SS estaban admitidos. Al cuestionarlos sobre sus crímenes, todos le hicieron la misma pregunta: ¿Qué hemos hecho además de obedecer nuestras órdenes normales? Por supuesto, si apegarse y justificar un régimen que estuvo detrás de varios millones de asesinatos puede ser descrito como "órdenes normales", entonces hablaban con la verdad, y no habían cometido crimen alguno.

En este libro existen algunos capítulos que lidian con la exterminación de los judíos, la esclavización y deportación de trabajadores de territorios ocupados, el fusilamiento de prisioneros y ejecuciones masivas de civiles, y el maltrato de prisioneros de guerra Aliados. En todos estos crímenes los miembros de la SS, SD (el servicio de inteligencia de la SS), y la Gestapo tuvieron un rol importante. Durante las supuestas épocas de paz en Alemania, estas organizaciones tenían la tarea de "mantener calmada a la oposición", pero durante la guerra, su misión era destrozar cualquier grupo y organización que opusiera resistencia a la ocupación alemana.

. . .

La similitud entre los métodos usados para lograr estos objetivos aseguraba que las tareas normales que estos cuerpos realizaban durante la era de paz eventualmente sirvieran como entrenamiento para los futuros tiempos de guerra. A través de la persecución, la siembra de terror, el uso de tortura, y la siempre presente amenaza de caer en un campo de concentración habían hecho de Alemania un terreno seguro para que Hitler pudiera navegar sin miedo. Cuando la guerra finalmente llegó, estas mismas tácticas y estrategias, que ya habían sido exhaustivamente probadas y perfeccionadas, lograron mantener sometidos a los habitantes de los países que las fuerzas alemanas invadieron y ocuparon.

Fue durante 1929, cuatro años antes de que Hitler llegara al poder, que Heinrich Himmler fue nombrado como Reichsführer SS y asumió el control de Schutzstaffeln, que durante ese tiempo solo tenía 280 miembros. Al hacerlo, procedió a tornar esta fuerza y convertirlo en su ejército y fuerza policiaca privada al enlistar solo a aquellos que fueran seguidores confiables y fanáticos del Führer. Así, para cuando Hitler finalmente se volvió Reichschancellor, el SS había formado una red de contacto de alrededor de 52,000 individuos.

. . .

Su misión, así lo habían establecido, era la protección del Führer y seguridad interna del Reich, y el Reichsführer Himmler no dejó en duda cuáles serían los métodos que llegarían a utilizar para que este fuera conseguido a toda costa.

Ciertamente este conjunto de soldados leales eran una espada despiadada que abrió camino para Hitler, sin honor, y sin justicia. Para la tarea final, que era el dominio total de Alemania, era necesaria una fuerza como la que las había formado, y así se consolidó el supremo comando de ella – estaba compuesta de doce departamentos. El cuerpo principal de la SS, la Allgemeine, era el tronco del cual se desprendían todas las ramas. Estaba organizada en líneas militares y dividida en distritos, subdistritos, regímenes, y otras formaciones más pequeñas que se reducían hasta llegar a pelotones. Cuando la guerra finalmente se desató, la cantidad de soldados llegaba hasta 240,00 sinvergüenzas listos para lo que sea.

Estaba compuesto, en su gran mayoría, por hombres de la SS que no eran especialistas. Eran los lacayos generales del Schutzstaffeln.

· · ·

Una de sus tareas más oscuras era llenar los campos de concentración, y casi todos los guardias que se encontraban en estos campos eran enviados ahí a través del Allgemeine.

Los siguientes en la cadena de mando eran el Servicio de Seguridad, también conocido como Sicherheitsdienst, que posteriormente fue conocido popularmente por sus iniciales: SD a lo largo de todo Europa y otros territorios ocupados por las fuerzas alemanas.

Originalmente era el servicio de inteligencia de la SS, sin embargo, se volvió mucho más importante después de que Hitler se volviera Reichschancellor y para 1939 era uno de los departamentos principales de la RSHA.

Para cuando llegó este momento, Reinhard Heydrich, su jefe, lo había expandido hasta ser un vasto sistema de espionaje que observaba con grandes ojos, como los de un buitre, la vida privada de cada uno de los ciudadanos alemanes y se volvieron la única fuerza de inteligencia del partido Nazi.

. . .

Tres años después de que Hitler ascendiera al poder, Himmler fue designado, además de ser el Reichsführer SS, jefe de la policía alemana en el Ministerio de Interiores, y así comenzó la reorganización de las fuerzas policiales alemanas que terminó dividiéndose en dos ramas. Estas eran la policía uniformada ORPO, y la policía de seguridad SIPO, quienes en 1939 se combinaron con la SD y bajo la tutela de la RSHA.

La Geheime Staatspolizei, también conocida como Gestapo de manera universal, era una organización estatal y fue establecida por primera vez en Prusia en 1933. Esta era una fuerza policial política. A diferencia de la policía ordinaria no tenía la responsabilidad de prevenir o detectar el crimen, sino que su meta principal era la supresión de cualquier pensamiento político independiente y convenciones políticas individuales, y la eliminación de cualquier consejo de oposición ante el régimen de Hitler.

La red de opresión estaba finalmente completa, y dentro de la red de araña que habían tejido estaba Himmler en el centro, su SS alrededor de él, y detrás de él, la sombra de los campos de concentración.

. . .

Así fue como Alemania terminó "completamente poseída por el socialismo nacional", tal como lo afirmó Hitler en Reichstag en 1938. Así se movilizó la nación, y ¿con qué propósito? Agredir, conquistar, dominar el mundo, una guerra total. Y cuando la guerra llegó, su meta cambió, y buscaban la invasión y el éxito, fue así hasta que dos tercios de Europa cayeron bajo el control alemán, y la SS, SD, y Gestapo estaban listos para mantenerlo de esta forma. Esta máquina de tiranía Nazi estaba corriendo correctamente, diseñada y manufacturada muchos años antes de ser puesta en acción, y con mucha habilidad y cuidado había sido probada durante los tiempos de paz.

A medida que la armada alemana avanzaba hacia el territorio enemigo fueron acompañadas por unidades operacionales de la SIPO y SD. Estas Einstatzgruppen, como eran denominadas, estaban lideradas por personal de la Gestapo y KRIPO, quienes llevaban a cabo las órdenes de la SS. Desde 1943 hasta 1945 la Gestapo tuvo un plantel de alrededor de 50 mil individuos mientras que la KRIPO y SD llegaban únicamente al número de 15,000 y 3,000 respectivamente.

. . .

Las iniciales SD eran comúnmente usadas en la Inteligencia Alemana y los servicios policiacos oficial y no oficialmente para denotar a SIPO y SD, y así los usaremos en los siguientes capítulos de este libro.

2

Maltrato y asesinato de los prisioneros de guerra

En la era oscura los prisioneros de guerra eran masacrados o esclavizados. En la edad media eran encarcelados, intercambiados, o liberados por redención. Fue durante el siglo 17 que empezaron a ser considerados como cautivos del estado, y no como la propiedad personal de los captores, pero incluso así eran con frecuencia tratados con gran crueldad, teniendo que soportar graves privaciones, además de su libertad, y ser sujetos de muchas indignaciones.

En el siglo 18 se reconoció generalmente que la meta principal del cautiverio, contrario al encarcelamiento común por crímenes sociales, era simplemente evitar que los prisioneros de guerra pudieran volver a aliarse con sus fuerzas y tomar las armas de nuevo.

La base de la ley internacional con respecto al trato de prisioneros de guerra, y que se encontraba válida durante el estallido de la segunda guerra mundial en 1939, fue la Convención de Prisioneros de Guerra de 1929. Esta fue firmada en Geneva el 27 de julio y subsecuentemente rectificada por todos los participantes con la excepción de Rusia.

El preámbulo de la Convención establecía que los signatarios deseaban desaparecer algunos de los rigores inevitables de la guerra, tanto como fuera posible, para aliviar la condición de los prisioneros de guerra.

Sin embargo, durante la Segunda Guerra Mundial, las provisiones de la Convención fueron continuamente ignoradas por Alemania. Los prisioneros eran sometidos a brutalidades y maltratos, empleados en trabajos prohibidos o peligrosos, enviados a la SD para "tratamiento especial", linchados por civiles alemanes, enviados a campos de concentración, fusilados al ser recapturados después de un escape, e incluso eran masacrados después de que habían bajado las manos y rendido.

. . .

El 26 de mayo de 1940, dieciséis días después de que Hitler hubiera lanzado su gran ofensiva en contra del Oeste, la Fuerza Expedicionaria Británica estaba llevando a cabo un retiro general. Algunas fuerzas británicas aún se encontraban en el Pas de Calais. El oficial al mando, el mayor Ryder, quien se encontraba comandando el batallón, recibió un mensaje del cuartel principal de la brigada. Este le dijo que podían no llegar a tener comunicación con la brigada debido a problemas en el área de Norfolk donde otro batallón había sido interceptado.

Para el atardecer, se les habían acabado las municiones y estaba claro que resistirse por más tiempo era imposible, así que el mayor Ryder decidió llamar a sus tropas de regreso para que pudiera hacerse un intento de rendición. El primer intento no fue exitoso. Tres de los hombres se aventuraron a campo abierto sin armas y sosteniendo una toalla blanca. Sin embargo, estos hombres fueron fusilados por los alemanes. Se hizo un segundo intento y este fue exitoso.

Rondaron los hogares que se encontraban en el área y alrededor de 100 sobrevivientes fueron recolectados y convertidos en prisioneros por los alemanes.

Algunos que se encontraban gravemente heridos fueron llevados a los cuarteles principales del batallón para que fueran atendidos por el oficial médico mientras que el resto desfiló marchando hacia el oeste.

Después de recorrer una corta distancia los prisioneros fueron detenidos e inspeccionados. Durante la inspección fueron sometidos a varias indignaciones y maltrato severo, muchos fueron golpeados en la cabeza con las culatas de los rifles usados por los soldados de la SS.

Los oficiales al mando de estos soldados estaban presentes, pero se rehusaron a interferir.

Después de un intervalo considerable de tiempo, los prisioneros de guerra fueron, de nuevo, obligados a marchar por el camino y llevados a un campo pequeño cerca de una casa granjera. Aquí fue donde los soldados, quienes ignoraban su destino, esperarían que sucediera la masacre. Dentro del campo había dos metralletas, y el comandante del pelotón, Fritz Knochlein, estaba parado con un grupo de oficiales a lo largo del camino y en la entrada del campo.

. . .

Al dar la orden, los prisioneros caminaron hacia el campo con sus manos detrás de sus cabezas.

Cuando la orden fue dada por Knochlein, ambas metralletas abrieron fuego de manera simultánea y atravesaron de izquierda a derecha la columna de soldados británicos que se encontraba marchando justo en el medio de la línea de fuego. Los prisioneros fueron destrozados, pero algunos cayeron en agujeros que había sobre el terreno, y aparentemente este pequeño golpe de suerte sería lo que salvara de vida de los únicos dos sobrevivientes, los cadetes Pooley y O'Callaghan, aunque ambos habían resultado gravemente heridos. Sin embargo, cuando las metralletas dieron alto al fuego, las fuerzas alemanas, quienes cargaban bayonetas, saltaron al campo y terminaron de asesinar a cualquiera que mostrara señales de vida.

Los dueños de la granja, que habían sido evacuados durante la pelea, regresaron al día siguiente y encontraron más de doscientos cartuchos vacíos en el sitio donde se habían montado las metralletas.

. . .

Los dos soldados sobrevivientes se mantuvieron acostados sin moverse hasta que cayó la noche, entonces fue finalmente su oportunidad para escurrirse por debajo de los cadáveres. Se mantuvieron escondidos en un edificio desgastado de los alrededores por tres días hasta que fueron encontrados por una mujer francesa que les brindó tanta ayuda como le fue posible, a pesar de correr un gran riesgo al hacerlo, y les daba comida de vez en cuando.

Finalmente, fueron recogidos por una ambulancia francesa y llevados a un hospital en Bailleul donde cayeron en manos de las fuerzas alemanas, por segunda vez, y fueron llevados a Alemania como prisioneros de guerra. Gracias a sus heridas, el soldado Pooley fue expatriado de regreso a Inglaterra en 1943, de acuerdo a los estatutos de la convención de Prisioneros de Guerra, y cuando le contó su historia a los militares británicos, después de regresar a su país natal, ninguno de ellos era capaz de creerle.

Pooley contó cómo Knochlein y su pelotón ni siquiera se molestaron en limpiar o enterrar los cadáveres y en su lugar pasaron toda la noche celebrando y bebiendo a una corta distancia de la escena del crimen.

Los cuerpos, que fueron enterrados después, fueron exhumados por las autoridades francesas en 1942 y movidos al cementerio de Paradis. Al hacer esto, fueron capaces de identificar a alrededor de 50 cuerpos, el resto de ellos fueron enterrados en tumbas desconocidas o anónimas. También se estableció, después de examinar los cuerpos, que el número de prisioneros que habían sido fusilados ya habían sufrido algunas heridas en batalla, ya que algunos portaban vendajes en las manos, brazos, y piernas.

Sin embargo, el fusilamiento del pelotón inglés en Paradis no fue la única ocasión en la cual prisioneros de guerra fueron asesinados estando desarmados o después de haberse rendido. 129 prisioneros americanos, capturados durante la guerra, fueron asesinados en un campo en Beignes, Bélgica el 17 de diciembre de 1944. Durante un ataque de ofensiva, una columna de vehículos americanos se encontraba moviéndose sobre el camino cerca de St. Vith cuando artillería pesada y metralletas abrieron fuego en su dirección. La columna fue forzada a detenerse y los soldados en los vehículos tuvieron que agacharse en las trincheras a los lados del camino para protegerse del bombardeo enemigo.

· · ·

Después de que el balaceo continuara por al menos un cuarto de hora, dos tanques alemanes y un par de carros armados aparecieron en la distancia, desde la dirección de Weismes, y después de alcanzar el cruzamiento doblaron en dirección a Sr. Vith. La trinchera en la cual se encontraban cubriéndose los soldados americanos se encontró prontamente bajo fuego de los tanques y carros armados alemanes. Después de sufrir graves bajas, los soldados sobrevivientes alzaron sus brazos sobre sus cabezas para rendirse.

Los hicieron marchar por el camino hasta después del cruzamiento mientras les arrebataban sus pertenencias, y finalmente los reunieron en un campo a las afueras St. Vith.

Así, otra instancia de una aberrante masacre tomó lugar. Un reporte oficial del incidente, realizado por las fuerzas armadas americanas, registró los detalles de la masacre, según el reporte: Otros soldados alemanes en tanques y carros armados se detuvieron en las orillas del cruzamiento y catearon a algunos de los soldados americanos que habían sido capturados, además, tomaron algunos de sus objetos de valor.

. . .

Al mismo tiempo, un tanque ligero alemán intentaba posicionarse de tal forma que su cañón estuviera dirigido al grupo de prisioneros en el campo, algunos de estos tanques se detuvieron cuando se encontraron en el lado contrario del campo.

Uno de los soldados alemanes que se encontraba manejando los vehículos se levantó, apuntó su revólver hacia los soldados que se encontraban de manos en alto sobre el campo, y disparó. Uno de los jóvenes americanos cayó al suelo. El oficial repitió esta acción una segunda vez, y otro soldado se desplomó ante los ojos de todos.

Después de que cayera el segundo cuerpo, dos de los vehículos que se encontraban a los lados del campo abrieron fuego en dirección a los prisioneros. La mayoría, si no es que todos, los soldados cayeron muertos y se mantuvieron de esa manera durante los dos o tres minutos que el fuego continuó lloviendo. La mayoría de los soldados fueron asesinados por esta sesión de fusilamiento, satisfechos con su misión, se dirigieron hacia el sur, poco después fueron seguidos por otra pequeña flotilla de tanques que llegó de la misma dirección, desde Weismes.

. . .

Al pasar por el campo y ver la escena, los tripulantes de los tanques ligeros también se detuvieron para dar una pequeña inspección, y le dispararon con armas pequeñas o rifles de combate a cualquier soldado que aún mostrara señales de vida.

Después de que las fuerzas británicas llevaran a cabo una redada en Noruega, que terminó representando un daño importante a las fuerzas de guerra alemanas, Hitler tomó la decisión de emitir una orden, el 18 de octubre de 1942, que se conocería por todo Alemania como la Orden de Comando (la Kommandobefehl). Este comando tenía la misión de desanimar a las fuerzas enemigas y daba lineamientos sobre cómo tratar a ciertas categorías de prisioneros de guerra.

El Kommandobefehl violaba por completo las leyes y estatutos de guerra que eran aplicables a todos los beligerantes correspondientes, y Hitler parecía incluso tener algunas dudas de que su voluntad fuera llevada a cabo sin reproche por aquellos a quienes el comando iba dirigido (los comandantes superiores de su partido).

. . .

De esta forma, y para prevenir resistencia a su imposición, envió una carta explicando por qué sentía que era necesaria una orden tan repugnante y en contra de los lineamientos de guerra que establecían previamente el trato a los prisioneros de guerra.

En esta carta, él afirmaba que, estos habían desarrollado un nuevo método táctico para interrumpir las líneas de comunicación, cosa que no había sucedido en ninguna guerra pasada. Lo hacían para intimidar a las secciones de la población que se encontraban trabajando para Alemania y destruyendo plantas e instalaciones industriales en territorios ocupados que Alemania usaba para fomentar su economía de guerra.

En el este, estos métodos tomaban forma de una guerra partidista, que le costaba a Alemania su preciada mano de obra, transportes, y materiales. Inglaterra y América estaban buscando fomentar una guerra similar, pero que denominaban de otra manera, y usaban transporte aéreo para soltar tropas, comida, y equipo, y enviaban pelotones de sabotaje desde submarinos y botes de goma.

. . .

Los efectos de esta actividad, según explicaba Hitler, eran extremadamente graves. La destrucción de una sola estación eléctrica, por ejemplo, podría costarle a la industria aérea miles de toneladas de aluminio, y, por ende, prevendría la construcción de varias unidades aéreas. Este tipo de ataque, así lo afirmaba Hitler, no representaba ningún tipo de peligro para el enemigo. Según su carta, para poder infiltrar a sus saboteadores en Alemania utilizaban vestimentas de civiles o incluso de las fuerzas alemanas. Así que estos podían estar disfrazados de civiles o incluso soldados.

En la carta, Hitler continuaba con la siguiente cita: *"Para que la fuerza alemana no sufra este daño severo como resultado de estas acciones, se le debe dejar en claro al enemigo que todos los partidos de sabotaje serán eliminados, sin excepción, hasta el último hombre… no se debe permitir, bajo ninguna circunstancia la permanencia de grupos demolición, sabotaje, o terroristas, y no deberá permitírseles únicamente rendirse y ser tomados prisioneros para recibir el trato establecido en la convención de Geneva para los prisioneros de guerra… Yo, por ente, espero que no solo los comandantes en jefe, y el ejército que comandan, sino que también los oficiales en comandos individuales entiendan la necesidad para estas acciones, y que las apliquen con toda la energía…*

. . .

En caso de que se considere apropiado perdonar la vida de uno o dos hombres para ser interrogados, deberán ser fusilados inmediatamente después de haber conseguido la información."

Aparentemente no había necesidad de esta compleja explicación, ya que las instrucciones de Hitler fueron llevadas a cabo al pie de la letra de manera universal, y en muchas instancias comandos británicos y miembros del Régimen Aéreo especial, quienes eran merecedores de ser considerados prisioneros de guerra al ser capturados, fueron ejecutados ilegalmente gracias a afán de seguir ciegamente las órdenes del Führer.

En otros incidentes similares, grandes números de SAS fueron asesinados después de haber sido llevados a batalla, contrario a lo que estipulaba la convención de los Prisioneros de Guerra de 1929. Un grupo de treinta y dos prisioneros de guerra que pertenecían al primer régimen de la SAS, todos uniformados, fueron capturados en el Viene Departement por los cuerpos alemanes LXXXth y fueron llevados a la prisión Poitiers.

. . .

Mientras eran interrogados por miembros de la SIPO bajo el comando del Dr. Herold se dio la instrucción de que los prisioneros debían ser entregados al control de la SD como lo estipulaba la Orden de Comando.

Sin embargo, el Dr. Herold, para la sorpresa de sus propios hombres y los miembros de la SD, se rehusó a seguir la cadena de mando y ceder a los prisioneros como lo indicaban sus órdenes. El coronel Köstlin, quien era el oficial al mando de los cuerpos, le advirtió a Herold sobre las serias consecuencias que tendrían sus acciones, ya que la desobediencia de la orden podía significar castigos inimaginables, pero el doctor se mantuvo firme a su decisión.

Fue así, entonces, que la palabra final sobre el destino que sufrirían estos prisioneros quedó en manos del comandante de los cuerpos, el General Kurt Gallenkamp, y este le notificó al oficial al mando que serían fusilados, y un oficial de las oficinas centrales de los cuerpos sería el encargado de asegurarse de que la orden fuera realizada como se había dictado.

. . .

Dos días después, al amanecer, el teniente C., y veintinueve de sus hombres fueron llevados de Poitiers hasta el lugar donde se llevaría a cabo la ejecución en uno de los camiones enemigos. Cuando llegaron al sitio, el representante de los cuerpos, el capitán Schönig, le dijo al oficial que él y sus hombres serían fusilados "por órdenes de Hitler" Schönig también afirmó que en esos momentos se avergonzaba de estar utilizando el uniforme de un oficial alemán. Sin embargo, permaneció en sitio durante todo el tiroteo, recolectó los discos de identidad de los prisioneros, y debidamente le reportó a las autoridades de la Cruz Roja que los hombres habían *muerto en batalla*.

Poco tiempo después, otro pelotón de paracaidistas británicos fue arrojado desde una aeronave, cerca de su objetivo, en la vecindad de París. También estaban completamente vestidos con armamento de batalla.

Casi inmediatamente después de haber aterrizado, se encontraron rodeados por algunas tropas alemanas locales y, después de sufrir algunas bajas, siete de ellos fueron capturados y llevados a los infames cuarteles principales de la Gestapo, en Avenue Foch, París.

. . .

En este lugar fueron cuestionados sobre su misión, capacidad, y otras estrategias de guerra.

Subsecuentemente, a los oficiales encargados de ellos les surgió la duda si era pertinente que los hombres sobrantes del pelotón fueran entregados al Wehrmacht quien los había capturado o tratados de acuerdo a la Orden de Comando. Por ende, se le envió a la RSHA, Berlin, un reporte de la interrogación que se había realizado, también se había anexado una solicitud de instrucciones para el manejo, o asesinato, de los prisioneros. Al no recibir una respuesta, los comandantes se vieron forzados a enviar dos recordatorios.

Eventualmente, un mes después, la respuesta finalmente llegó. Esta establecía que los prisioneros debían ser fusilados dentro de las siguientes veinticuatro horas y usando "ropa de civiles". Al día siguiente, los forzaron a cambiarse a vestimentas comunes y los colocaron en un camión que los recogió a las afueras de las oficinas de la Gestapo. Se les otorgaron sándwiches y se les informó que "se prepararan para un largo camino". El paseo en automóvil duró alrededor de cuatro horas y concluyó en un campo cerca de Noailles.

. . .

Después, se le forzó a los prisioneros a dejar el camión y marchar hacia un área boscosa cercana que estaba libre de civiles y otros soldados. Sus escoltas, quienes estaban armadas con subametralladoras, colocaron a los prisioneros en una línea y el pelotón de fusilamiento tomó posición del lado opuesto a ella.

El líder de las tropas alemanas tomó un pedazo de papel y, leyendo de él, les informó a los soldados británicos, a través de un intérprete, que habían sido juzgados culpables de colaborar con el Maquis francés y condenados a muerte por fusilamiento. Pero, en realidad, no había ocurrido ningún juicio y de haber sucedido así, estos descubrimientos hubieran resultado inciertos según los verdaderos datos. Además, el partido británico había realizado un aterrizaje aéreo legítimo, cargando sus armas y usando sus uniformes.

Únicamente dos de los hombres sobrevivieron, uno de ellos era un hombre checo, quien se encontraba en servicio con las tropas británicas. El hombre comenta que "abrió sus esposas con una llave de su reloj y corrió por la colina hacia abajo.

. . .

Ninguna bala impactó contra él. Poco después, logré llegar a una villa francesa y después de pasar unos días escondiéndome decidí unirme a la resistencia francesa."

El otro hombre, un paracaidista de apellido Jones, dijo, "Corrí por mi vida. Ya que había avanzado como unas cincuenta yardas caí hacia al piso, había perdido el balance gracias a aún tener mis manos esposadas. Se abrió un fuego muy pesado, pero a pesar de ello ninguna de las balas pegó contra mí.

Después de un tiempo, me arrastré hacia unos árboles y me paré detrás de uno de ellos. Vi los cuerpos de cuatro de mis camaradas tirados en el suelo, pero no había señales de los alemanes, aun así podía escuchar disparos a lo largo del camino, alrededor de unas ciento cincuenta yardas a lo lejos.

Me escondí en el bosque por un tiempo. Y cuando finalmente pude alejarme del área me escabullí hacia una villa francesa.

. . .

Aquellos que estuvieron involucrados en el fusilamiento estaban completamente conscientes de que la orden de Berlín era ilegal sin rasgo de duda, ya que había sido claramente estipulado que los prisioneros debían ser fusilados en ropas civiles para que pudieran ser confundidos con miembros del Maquis. Además, la ejecución se llevó a cabo en un bosque a cuatro horas de distancia desde París, y todos estaban conscientes de que sus víctimas eran prisioneros británicos de guerra capturados durante una batalla justa mientras usaban sus uniformes.

3

Crímenes de guerra en altamar

Durante el estallido de la guerra entre Inglaterra y Alemania en 1939, se había vuelto una práctica común que un barco mercante enemigo podía ser capturado por un buque de guerra de la contraparte y llevado al puerto para que un Tribunal de Presas pudiera, bajo las circunstancias apropiadas, condenen el embarcamiento y su cargamento.

Un buque neutral podría, igualmente, ser detenido y cateado por contrabando, y si este fuera encontrado a bordo podría ser confiscado, junto con el cargamento, por el tribunal.

. . .

También había sido establecida como una práctica internacional que, con excepción de los buques que se encontraran navegando por aguas previamente declaradas como "zonas de guerra", la destrucción de un buque sólo podía llevarse a cabo después de haber sido capturado, con la excepción de aquellos que se hayan resistido forzosamente a una visita y búsqueda.

Estas reglas eran claras e inequívocas, y no había una excusa válida para no entenderlas, pero se volvió claro a pocas horas de que la guerra comenzara que los alemanes tenían la completa intención de desestimarlas, ya que, en la noche del 3 de septiembre de 1939, el SS Athenia, que se encontraba viajando hacia el exterior con dirección a Estados Unidos, fue enviado al fondo del mar por un submarino alemán y con una pérdida de alrededor de 100 vidas. Mientras tanto, el periódico del partido Nazi, el Volkische Beobachter, presentó el gran titular "El Athenia fue hundido por Wiston Churchill" en su edición del 23 de octubre de 1939.

Sin embargo, los hechos eran muy distintos, obviamente.

· · ·

El SS Athenia fue bombardeado durante altas horas de la noche del 3 de septiembre de 1939 por el U-30 comandado por Oberleutnant Lemp, quien posteriormente moriría en batalla. No existió ningún disparo de advertencia. El submarino esperó hasta que cayera la noche para poder salir del agua. Uno de los individuos del personal, quien había atestiguado el hundimiento, fue forzado a firmar una declaración bajo juramento de que "borraría de su memoria todos los sucesos del día".

Inmediatamente después de que se diera noticia del hundimiento del buque americano, el almirante Raeder y el resto de almirantazgo alemán oficialmente negaron que hubiera un submarino en la zona durante el momento del ataque. Se hizo un intento para hacer parecer que el comandante del submarino se había equivocado y pensado que era un crucero mercante armado patrullando el área. Dönitz, otro de los almirantes involucrados en el ataque, comentó que les había dado la orden a todos los oficiales submarinos sobre mantener los ojos abiertos en busca de buques como esos, pero no les había dicho o dado nombres de barcos en particular.

. . .

También es una peculiaridad significativa mencionar que ninguna acción disciplinaria fue tomada en contra del comandante. La OKM consideró que la corte marcial era innecesaria, ya que el capitán había actuado de buena fe. Además de ello, Dönitz también se aferró a la visión de que la corte marcial eventualmente absolvería a Lemp y un juicio sería "publicidad innecesaria y una pérdida de tiempo".

El Athenia fue hundido menos de doce horas después de la declaración de guerra entre Alemania y Gran Bretaña. Los alemanes no esperaron poco tiempo antes de hacerle saber al mundo que estaban dispuestos a ignorar el Protocolo de 1936 y retomar las terribles prácticas que usaron durante la Primera Guerra Mundial.

Pero lo peor aún estaba por venir. Al comienzo de la guerra, Dönitz era comandante del submarino de la marina alemana. Esta era el arma principal de la flota, y millones de toneladas de botes aliados y neutrales fueron hundidos por sus submarinos durante el curso de la guerra.

. . .

Con Dönitz en control, no era descabellado pensar que los comandantes del submarino serían más que escrupulosos con los métodos de guerra submarina. Él era el más ardiente de los Nazis y fue descrito en la edición de 1944 del Diario de la Marina alemana como "el eterno líder e inspiración para todas las fuerzas que están a su mando". Sus declaraciones públicas prueban su fanatismo, y que había adoctrinado exitosamente a sus subordinados con sus propias creencias, y esto queda comprobado en su despiadada política de guerra submarina sin restricciones que sus soldados mantuvieron durante el resto de la guerra.

El primer hundimiento de un mercante neutral atacado por un submarino alemán sin una advertencia fue el 30 de septiembre de 1939, cuando el buque de vapor danés el "Vendia" fue bombardeado por torpedos. Dos disparos de advertencia provinieron desde el submarino, pero estos precedieron a un torpedo que fue disparado inmediatamente después y eventualmente terminó por hundir el navío, incluso cuando el capitán de la nave ya había indicado que obedecería las órdenes del submarino con respecto a la inspección, sin embargo, el partido Nazi no le dio suficiente tiempo para abandonar el bote.

. . .

Antes de que terminara noviembre, el hundimiento de navíos neutrales en circunstancias similares a las del relato anterior se había vuelto una práctica común. El 12 de noviembre, un barco noruego llamado Arne Kjode fue hundido por un submarino alemán en el mar del norte. No se le dio ningún tipo de advertencia. El buque era un tanquero y estaba transitando de un puerto neutral con destino a otro de la misma condición. El capitán y cuatro de sus hombres fueron recogidos por otro navío después de haber pasado horas en mar abierto sobre botes salvavidas. El comandante del submarino atacante no realizó ningún intento de rescatar a la tripulación del barco noruego.

En enero de 1941, Hitler anunció que cada barco, fuera convoy o no, "que se encontrara frente a los torpedos" nazi debería de ser hundido por ellos. Por las amenazas que precedieron este anuncio, parecía ser que este tenía la intención de intimidar a los americanos, y cuando generó una gran cantidad de alboroto del otro lado del atlántico, los alemanes simplemente afirmaron que el anuncio se refería a navíos que entraran la zona de guerra.

. . .

Sin embargo, el hecho de que un barco se encontrará fuera de estas áreas de batalla no era garantía de que no sería víctima de un ataque ilegal, así se demuestra en el hundimiento de City of Benares el 17 septiembre de 1940. Este barco era un barco de línea de 11 mil toneladas y llevaba a bordo a 191 pasajeros de los cuales cerca de cien eran niños.

El navío fue hundido fuera de la "zona de guerra" sin ninguna advertencia, y doscientos cincuenta y ocho pasajeros, incluyendo a setenta y siete niños, perdieron sus vidas. El ataque se llevó a cabo durante un clima complicado, mientras caía la lluvia y el mar se encontraba picado.

El torpedo se impactó contra su carcasa alrededor de las 10 de la noche, y en la confusión, y gracias a la oscuridad, cuatro de los botes salvavidas tardaron en ser lanzados, y otros fueron destrozados posteriormente por el complicado mar torrencial. Muchos niños murieron simplemente por la exposición a los gases tóxicos del impacto.

. . .

El peaje de las víctimas inocentes de la crueldad alemana fue acompañada y finalmente sellada por el primer invierno, pasajeros y miembros de la tripulación que deambularon por los mares del atlántico a la mitad de una tormenta, aferrados a los botes de hule antes de que, uno por uno, fueran tratados por el mar, sus dedos demasiado entumecidos para poder sostenerse por más tiempo, miembros de la tripulación que fueron fusilados mientras descargaban los botes salvavidas para los pasajeros, o después cuando se encontraban flotando sin dirección hacia los misterios del mar abiertos.

¿Era este, entonces, el cruel y nuevo código de guerra naval que había "nacido como una necesidad militar" y que anteriormente había mencionado el almirante Raeder en su memorando de 1939? Para aquellos que podían recordar los oscuros días de 1917 sabían que esto no era una novedad.

El hundimiento del buque de vapor británico el Sheaf Mead el 27 de mayo de 1940, con la muerte de treinta y un miembros de su tripulación, fue caracterizado por el comportamiento extraordinariamente cruel del comandante del submarino hacia muchos de los miembros de la tripulación quienes, después de que su navío se hubiera hundido, trataban de colgarse de los mástiles y botes que se encontraban de cabeza sobre el mar.

El nombre del comandante era Kapitanleutnant Ochrn, y su submarino era conocido como el U-37. El ingeniero en jefe del Sheaf Mead proporcionó la siguiente descripción de él: "Joven, de unos veintiocho años de edad, fornido. Tenía el cabello ordenado y era un tanto apuesto. Hablaba un buen inglés y tenía una voz muy grave." Y según lo que se pudo encontrar en el diario de viaje del submarino, que el propio Ochrn actualizaba de vez en cuando, parecía ser que el joven comandante se había divertido con su hazaña.

Habiendo derrotado a su presa, el comandante del submarino navegó por los alrededores del área por media hora. Dos hombres se pararon sobre la cubierta con ganchos de bote para rechazar a los botes salvavidas del barco. La tripulación, también, se mantuvo en la cubierta del submarino tomando fotografías de los sobrevivientes, pero sin hacer nada más. El submarino, poco después, volvió a sumergirse sin ofrecerle a los sobrevivientes en alta mar ningún tipo de ayuda o asistencia.

. . .

Las órdenes del partido

En enero de 1940 el alto comando de las fuerzas armadas emitió una directiva que indicaba que la Marina estaba autorizada para hundir, haciendo uso de los submarinos, todos los navíos en aguas cerca de costas enemigas donde el uso de minas fuera posible, y los comandantes de los submarinos recibieron la orden de adaptar su comportamiento y uso de armas para dar la impresión que las bajas fueron causadas por minas.

Instrucciones acerca del abandono de las tripulaciones de los navíos mercantes que habían sido hundidos surgieron primeramente en mayo de 1940: "No recojan a los hombres o los lleven consigo. No se preocupen por los barcos del buque mercante. Las condiciones climatológicas ni la distancia del puerto más cercano juegan un rol. Solo preocúpense por su propio navío… debemos ser duros durante la guerra.

El enemigo comenzó esta batalla para destruirnos, así que nada más importa".

· · ·

Cuando los Estados Unidos se unieron a la guerra y Alemania se vio forzado a enfrentarse con el hecho de que habría un incremento en el tonelaje disponible para uso inmediato y capacidad casi inexhausta de producción de barcos, tuvieron que escoger dar órdenes más drásticas a sus oficiales. Los comandantes de los submarinos no solo estaban obligados a abstenerse de rescatar tripulaciones, sino que debían, por órdenes oficiales, exterminarlas.

Menos de un mes después del ataque japonés a Pearl Harbor, Hitler tuvo la oportunidad de explicar esta nueva fase a su embajador en Berlín. Dijo que no importaba cuántos barcos construyeran los americanos, la falta de tripulaciones preparadas se volvería su problema principal, y era su intención que todos los navíos mercantes fueran hundidos sin advertencia.

Alemania aún se encontraba luchando por su existencia y los sentimientos humanitarios no podían ingresar a esa batalla. Él daría la orden de que los submarinos subieran la superficie después de que hubieran hundido las naves y le dispararan a los botes salvavidas.

. . .

De acuerdo con una nota interna, que fue tomada de esta reunión de intercambio de puntos de vista, "el embajador Oshima concordó con los comentarios del Führer de todo corazón, y dijo que los japoneses también debían ser forzados a adoptar estos métodos". El siguiente septiembre, una orden confidencial había sido emitida a todos los comandantes de submarinos desde los cuarteles de Dönitz.

"No se debe hacer el intento de ningún tipo para rescatar a las tripulaciones de los barcos que se hayan hundido. Esto incluye recoger personas del agua y colocarlos en botes salvavidas, voltear barcos que se encontraran de cabeza, y entregarles agua y comida. El rescate es contradictorio con las demandas rudimentarias de la guerra que indican la destrucción de barcos y tripulaciones enemigas… Sean duros, teniendo en mente que el enemigo no tiene consideración por las mujeres y niños cuando bombardean ciudades alemanas."

El comandante de la 5.ª flotilla de submarinos desplegada en Kiel, Heinz Möhle, consideró que la orden era ambigua y buscó que fuera aclarada por un oficial de alto mando del personal de Dönitz.

La intención de la orden se le fue explicada con dos ejemplos: El primero era sobre el submarino en la bahía de Biscay. Se encontraba patrullando cuando se encontró con un bote de hule que tenía sobrevivientes de un avión británico. Ya que el submarino se encontraba en una misión de reabastecimiento, y provisiones completas de agua y alimento, no había por qué cuestionar si debía tomar a la tripulación de la aeronave a bordo. Por ende, el comandante le permitió al pequeño barco continuar su rumbo mientras él retomaba sus actividades de patrulla.

Cuando reportó la situación al regresar a su base, se le dijo que al no haber logrado tomar a los sobrevivientes y llevarlos a los cuarteles para interrogación, debió haberlos enviado al fondo del océano para que no pudieran "vivir para luchar un día más".

El segundo ejemplo que se le dio al comandante Möhle fue el siguiente: durante el primer mes de la campaña de submarinos en contra de que los Estados Unidos, un buque de un tonelaje considerable había sido hundido en aguas poco profundas cerca de la costa americana, y la mayoría de la tripulación había sido rescatada gracias a lo cerca que se encontraban de la tierra.

Desde su punto de vista, los cuarteles de Dönitz consideraron que este era su mayor arrepentimiento.

El Tribunal Militar Internacional de Nuremberg afirmó que la "orden de Laconia" como era llamada, no ordenaba deliberadamente el asesinato de los sobrevivientes de los navíos hundidos por ataques submarinos, sino que las condiciones de la orden eran demasiado ambiguas y por ende merecían el nivel más alto de censura.

Sin embargo, cuando la orden fue pasada a otros comandantes por Möhle, mientras se encontraba informándole a los comandantes de los submarinos antes de proceder a una misión, les leyó la orden sin ningún comentario y agregó los dos ejemplos que se le habían mencionado. Los comandantes entonces sólo pudieron haber comprendido que la política del comando superior de la marina era asesinar a las tripulaciones de los navíos. Quizá para poder sanar un poco de su consciencia, Möhle solía decir: "Los comandantes de los submarinos no pueden darte una orden como esta oficialmente, todos deben manejar este tema de acuerdo a lo que les diga su propia consciencia."

. . .

Los alemanes siempre argumentaron que el único propósito de la "Orden de Laconia" era prevenir que los comandantes de submarinos pusieran en peligro sus propias unidades al detenerse y rescatar a los sobrevivientes de sus ataques. De ser así, hubieran atraído mayor atención a la orden que ya se encontraba en progreso.

La continuación de los crímenes

Seis meses después de la emisión de la "Orden de Laconia", el SS Peleus, un navío griego tripulado por el Ministerio de Transporte de Guerra Británico, fue hundido por el U-852, comandado por el capitán-teniente Heinz Eck en el océano Atlántico. El SS Peleus zarpó de Freetown el 8 de marzo, y para la noche del 13 del mismo mes, en el año 1943, se encontraba navegando hacia el oeste justo al sur del ecuador y alrededor de 300 millas del punto más cercano de la costa africana. Contaba con una tripulación a bordo de treinta y cinco personas, la mayoría de ellas siendo de origen griego. Después del ataque, solo sobrevivieron tres de los hombres que tripulaban la nave.

. . .

Poco antes de que el navío se hundiera, dos torpedos fueron observados en la proa de babor, ambos se impactaron en contra de la corteza del barco, y la unidad se hundió en menos de tres minutos. La mayoría de la tripulación logró salvarse del impacto agarrándose de los restos y balsas que flotaban en los alrededores del desastre.

Posteriormente, el submarino salió a la superficie y se acercó a uno de los botes del Peleus, donde se encontraban tres sobrevivientes, y uno de los oficiales del submarino que podía hablar inglés recibió órdenes de su capitán de que debía averiguar el nombre del barco que habían atacado. Uno de los sobrevivientes fue tomado a bordo del U852 y les otorgó la información que buscaban: el nombre del barco, el nombre del capitán, el cargamento se trasladaban, el puerto de origen y destino, y si había o no otros buques en los alrededores.

El oficial tomó nota de toda la información y se retiró de cubierta para llevar la información al comandante que se encontraba en una de las torres, entonces su superior le informó que había decidido eliminar todo rastro del hundimiento asesinando a los sobrevivientes.

. . .

Mientras tanto, el tercer oficial del SS Peleus, quien había sido tomado a bordo del submarino, fue despojado de su chaleco salvavidas y puesto de vuelta en la balsa de la cual lo habían recogido.

Entonces, Eck abrió fuego hacia las balsas con ametralladoras, y la tripulación arrojó granadas de mano a los conglomerados de sobrevivientes. Hasta donde se sabe, todos, con excepción de tres de ellos, fueron asesinados en el terrible fusilamiento. Estos hombres se mantuvieron en sus balsas a mar abierto por veinticinco días hasta que fueron recogidos por un buque portugués.

Posteriormente, todos ellos compartieron sus historias y corroboraron el suceso.

Uno de ellos, un hombre griego llamado Liossis, afirmó que se encontraba de patrulla cuando vio el rastro de los dos torpedos acercándose al puerto de babor e inmediatamente les informó a los timoneles qué debían hacer las maniobras evasivas.

. . .

Sin embargo, ambos torpedos impactaron contra el Peleus y Liossis se encontró prontamente dentro del agua; nadó por uno par de minutos hasta que encontró algunos desechos de la nave de los cuales se pudo colgar. Pronto se le unió otro miembro de la tripulación, quien también era griego, y juntos se propulsaron hacia una balsa que podían ver frente a ellos. Después de un tiempo corto el submarino salió a la superficie, dio unas vueltas por el lugar de impacto, y le solicitó a la balsa del tercer oficial que se acercara. Se le ordenó que subiera a bordo y se le cuestionó como se describió en el relato de arriba.

Mientras tanto, Liossi impulsó su balsa hacia otra donde se encontraban un par más de la tripulación naufragada, y entonces el submarino volvió a aparecer para indicarles que se acercaran un poco más.

Pensando que quizá iban a ser recogidos por la nave alemana, Liossi y sus compañeros se acercaron al submarino enemigo, quien repentinamente abrió fuego en su dirección con una ametralladora. Uno de sus amigos fue impactado en muchos lugares y las balsas se llenaron de agujeros de bala, a pesar de ello, y para su buena fortuna, estas no se hundieron.

Los alemanes también les arrojaron granadas de mano a los sobrevivientes. El submarino continuó disparando las metralletas que tenía a bordo y arrojando granadas hacia los restos del barco por un buen rato, y fue solo hasta un poquito antes del amanecer que continuó su camino.

El comandante del U-852, durante su juicio, dijo que había decidido hundir las balsas con disparos de ametralladora y lo hizo de esta manera, pero juro que en ese momento no había miembros de la tripulación del Peleus a la vista, y que nunca dio la orden de dispararle a los sobrevivientes. También concordó con que su ingeniero en jefe protestó en contra de la decisión de hundir los restos con armas de fuego, y que debido a eso "la posibilidad de salvar las vidas sobrantes desapareció, ya que iba en contra de las órdenes directas que tenían de subir a bordo a los sobrevivientes. Afirmó que había recibido la Orden de Laconia previo al incidente.

Entre otros muchos hundimientos registrados, y seguramente muchos otros que se habrán perdido en la historia, queda en claro que, desde el primer y hasta el último día de la guerra, estos asesinatos en alta mar continuaron llevándose a cabo de día y de noche.

De igual manera que sucedió durante la Primera Guerra Mundial, Alemania utilizó estrategias de guerra submarina sin restricciones en contra de los involucrados y los neutrales, haciendo así caso omiso del protocolo de 1936 y de las costumbres y tradiciones del mundo civilizado.

4

Los campos de concentración

Mucho antes de la invasión de Polonia en 1939 el sistema de campos de concentración ya se encontraba en funcionamiento dentro del Reich, y, al mando de Himmler, su organización había sido perfeccionada y los métodos puestos a prueba una y otra vez con sus compatriotas durante los tiempos de aparente paz.

A través del Decreto Presidencial de Emergencia emitido en febrero de 1933, el "Schutzhaft", o custodia preventiva, fue introducida al sistema legal del tercer Reich.

Cualquiera que mostrará la mínima señal de oposición activa, o incluso la potencial conversión a un miembro de la oposición al nuevo régimen debían ser puestos donde no pudieran ser heridos o silenciados y, a través de estos métodos, miles de alemanes fueron arrojados dentro de campos de concentración para ser "tratados", y muchos de ellos jamás volvieron a conseguir su libertad.

Se le asignó a la Gestapo la tarea de "eliminar a todos los enemigos del partido y la nación" y fueron las actividades que llevaba a cabo esta organización las que permitieron que los campos de concentración fueran suplidos y llenos de prisioneros; además, la SS era encargada de asignar al personal que mantenía y resguardaba los campos.

Cuando la guerra se declaró, existían seis campos de concentración en Alemania que albergaban a alrededor de 10,000 prisioneros. Durante los próximos dos años, se construyeron más de estas instalaciones, y algunas de estas incluso las conocemos por un nombre propio: Auschwitz, Belsen, Buchenwald, Fossenberg, Mauthausen, Natzweiler, Neuengamme, Ravensbrück, y Sachsenhausen.

. . .

Durante la guerra, según los cálculos más bajos, alrededor de doce millones de hombres, mujeres, y niños fueron privados de sus vidas a manos de los alemanes.

Un estimado modesto calculó que cerca de ocho millones de ellos perecieron en campos de concentración nazi.

A estos campos llegaron millones desde territorios ocupados; algunos gracias a que eran judíos, otros habían sido deportados como mano de obra esclava y ya no eran considerados aptos para trabajar, muchos de ellos eran prisioneros rusos de guerra, algunos también eran víctimas del "Decreto Buller", muchos eran prisioneros gracias al decreto Nacht and Nebel que perseguía a todos los que realizaran ofensas en contra del Führer o el partido Nazi en territorios ocupados. En ellos, eran puestos en rebaños bajo condiciones deplorables: las celdas estaban sucias, y eran constantemente degradados, humillados, golpeados, torturados, y forzados a pasar hambre, y, finalmente, exterminados a través del trabajo o "eliminados", como lo llamaban los alemanes, en una ejecución masiva dentro de cámaras de gas.

. . .

El efecto represivo que tenían los campos de concentración en el público era considerable, y se había planeado con detenimiento. Originalmente, dentro de la propia Alemania el velo del secreto y rumores inspirados por fuentes oficiales eran usadas para profundizar el misterio e incrementar el miedo. Había muchos que no sabían lo que ocurría detrás de esas imponentes bardas de alambre, pero eran pocos los que ni siquiera podían sacar sus propias conclusiones.

No existía la intención de que este velo de secretos se mantuviera sin alzar en todo momento. Un par de individuos privilegiados tenían permitido asomar las cabezas ocasionalmente, y algunos de los muchos civiles que eran contratados para trabajar en los campos de concentración y de labor seguramente propagaron las historias de lo que habían visto dentro de las paredes a sus familiares y amigos. Pero los enemigos de la nación alemana nunca debían tener verdadera evidencia de los crímenes que se cometían ahí dentro, y se habían realizado planes para la destrucción de todos estos campos y la liquidación de los prisioneros que aún hubieran sobrevivido. Esta tétrica e inhumana estrategia de guerra únicamente se vio frustrada gracias al rápido avance de las fuerzas Aliadas y el colapso repentino del partido alemán.

Auschwitz

El pequeño pueblo polaco conocido como Auschwitz, con una población de 12,000 personas y situado a 160 millas al suroeste de Warsaw, era poco conocido fuera de los límites de Polonia antes de la guerra. Si situación geográfica era lo menos favorable, se encontraba al fondo de una gran cuenca, y estaba rodeado por una serie de lagos estancados que lo mantenían húmedo, apestoso, y pestilente todo el año.

No era sorpresa que esta área pantanosa a los alrededores de Auschwitz estuviera deshabitada. Como alguien dijo alguna vez, "fue evitado por la vida por miles de años porque la muerte mantenía su vista sobre ella". Si este dicho era cierto, era claro que no era en vano, ya que ahí fue donde los alemanes establecieron el "Konzentrationlager Auschwitz", donde una vez hasta 10,00 individuos pasaban diariamente por las cámaras de gas, y no menos de tres millones de personas, de acuerdo con los cálculos del mismo comandante, fueron asesinados de esta y varias otras maneras.

. . .

Cuando el campo abrió sus puertas por primera vez, consistía en seis edificios de barraca viejos y una fábrica de tabaco abandonada, pero después fue expandido a un gran terreno. El primero de mayo de 1940, SS Hauptsturmführer Rudolf Franz Ferdinand Höss fue promovido y transferido a Auschwitz desde Sachsenhausen donde había tenido el puesto de Adjunto del Comandante desde 1938. Auschwitz estaba destinado a ser un campo importante, principalmente por la supresión a los grupos opositores a la ocupación Nazi en Polonia, lo que los habitantes de ese pobre e infeliz país no estaban tomando con alegría. Así que un comandante eficiente debía ser contratado para la misión.

Höss poseía las calificaciones necesarias y debió haber tenido poca dificultad para conseguir una recomendación para el puesto. Después de haber servido en la Primera Guerra Mundial, trabajó en las granjas en Silesia y Schleswig-Holstein hasta 1923, cuando participó en un asesinado, por lo cual fue sentenciado a diez años de prisión. Fue liberado cinco años después y perdonado por su crimen, y en 1932 se unió a la NSDAP en Múnich.

. . .

Mientras se encontraba comandando un escuadrón de caballería de la SS, en una granja en Pomerania en 1933, Himmler notó su potencial durante una inspección que condujo personalmente, y se pensó que esta experiencia y dolencias lo hacían apto para un puesto administrativo en un campo de concentración. De ahí en adelante, tenía el futuro asegurado. Ingresó en 1934 a Dachau donde empezó como Blockführer en el Schutzhaftlage y se mantuvo ahí hasta que fue transferido a Sachsenhausen en 1938.

En 1941, Himmler inspeccionó Auschwitz y dio la instrucción de que debía ser expandido y los pantanos que lo rodeaban debían ser drenados. Al mismo tiempo un nuevo campamento había sido establecido en Birkenau para albergar a 100,00 prisioneros rusos.

Desde este punto, el número de prisioneros solo creció diariamente, aunque las comodidades que se les ofrecía eran un tanto insatisfactorias. Las provisiones médicas eran inadecuadas y las epidemias de enfermedades se volvieron algo común entre los prisioneros.

. . .

En 1941, el primer "cargamento" de judíos llegó desde Eslovaquia y El norte de Silesia, y desde el principio aquellos que no eran aptos para trabajar eran roseados con gas en una habitación en el edificio crematorio.

Después, ese mismo año, Höss fue invocado en Berlín por Himmler y le dijo que Hitler había ordenado "solución final" al eterno cuestionamiento sobre cómo deshacerse de los judíos en Europa, y ya que los otros campos de exterminación en Polonia no eran considerados muy eficientes, y no podían ser expandidos, a Höss se le dio la orden de hacer una visita a Treblinka e inspeccionar los arreglos de exterminación que tenían ahí.

Visitó el campo en la primavera de 1942 y notó que los métodos que usaban ahí eran un tanto primitivos. Se usaban cámaras pequeñas, equipadas con pipas para inducir el flujo de gas usando motores de combustión interna. Este dispositivo no era confiable, ya que los motores provenían de vehículos de transporte viejos que habían sido capturados y tanques que fallaban con cierta frecuencia.

. . .

Por ende, el programa de inducción de gas no había sido llevado a cabo de acuerdo a los planes, aunque, según los datos del comandante, 80,000 individuos habían sido asesinados por gas en los seis meses previos a su visita. Pero esto no era suficiente para Himmler, quien se encontraba en proceso de limpiar los barrios bajos de Warsaw.

Se decidió en ese momento que Auschwitz era el campo más apropiado para ese propósito, ya que era una conjunción en línea recta de cuatro líneas, y el país que lo rodeaba no se encontraba demasiado poblado, el área del campo estaba completamente aislada. A Höss se le dieron cuatro semanas para preparar su plan, y se le informó que debía contactarse con el oficial Eichmann, un alto mando de la SS, y que tenía cierta influencia dentro de la AMT4 de la RSHA. Eichmann acordó con Höss qué borradores se le serían enviados para que pudiera examinarlos.

El número de convoyes empezó a incrementarse, y ya que los crematorios adicionales no serían completados antes del final del año, los recién llegados tenían que ser asesinados en cámaras de gas temporalmente construidas y después cremados en fosas comunes.

Dos edificios de granja viejos, que estaban situados en un punto lejos de los caminos cerca de Birkenau, fueron sellados y remodelados con fuertes puertas de madera. Los transportes eran descargados en un lugar apartado en Birkenau y los prisioneros que eran capaces de trabajar eran llevados a los campos de Auschwitz a Birkenau también. Los otros que debían entrar a las cámaras de gas y podían caminar marchaban hasta la planta de gas que se encontraba a un kilómetro desde el punto de descarga. Los enfermos y aquellos que eran incapaces de andar eran transportados en camiones.

A las afueras del granero, los prisioneros eran forzados a desnudarse detrás de una barrera hecha con vallas. En la puerta había un letrero que indicaba la "Cámara de desinfección" y a los prisioneros les daba la impresión de que estaban siendo llevados al edificio para ser despiojados o sanitizados.

Después de que se despojaban de sus prendas entraban a la habitación, según la capacidad que este tuviera, en grupos de alrededor de 250 personas a la vez.

. . .

Las puertas se cerraban con seguro y una o dos latas de "Cyclon B" eran arrojadas dentro a través de unas aperturas en las paredes construidas para este propósito. "Cyclon B" era un gas generalmente usado para este propósito y contenía un compuesto crudo de ácido prúsico. El tiempo que le llevaba matar a todas las víctimas variaba de acuerdo a las condiciones climáticas, pero rara vez era más de diez minutos.

Media hora después se abrían las puertas y los cuerpos eran removidos por el comando de prisioneros, quien era un individuo cuyo único trabajo era este, y eran quemados en fosas comunes. Antes de que los cadáveres llegaran al proceso de cremación se les removían los dientes de oro, anillos, u otro tipo de joyería que pudieran haber llevado a la cámara. La grasa que era recolectada del fondo de las fosas era resguardada y usada durante los días lluviosos, se arrojaban cubetas enteras de ella al fuego para mantenerlo vivo a pesar del agua. Solía tomar entre seis y siete horas cremar una fosa llena de cuerpos bajo estas condiciones, y el olor a carne quemada se podía percibir en el campo incluso cuando el viento soplaba en dirección contraria.

. . .

Después de que las fosas fueran limpiadas, los huesos eran pulverizados. Esto era hecho por los prisioneros del campo: los huesos eran colocados sobre un piso de cemento y pulverizados con grandes martillos de madera. Los restos de ellos eran cargados en camiones, llevados al río Weichsel, y arrojados dentro.

La descripción que te he proporcionado de estos campos fue tomada de una afirmación que Höss personalmente en marzo de 1946, y se refiere a los métodos usados en las cámaras de gas temporales mientras esperaban que las nuevas fueran construidas. Lo siguiente es una descripción, de la misma fuente, de los métodos mejorados que fueron implementados después de que dos de los cuatro nuevos crematorios habían sido terminados para el final de 1942.

Transportes masivos desde Bélgica, Francia, Holanda, y Grecia empezaron a llegar y las preparaciones para su llegada eran las siguientes: El tren se estacionaba junto a una rampa especialmente construida para ello y situada a la mitad del camino entre las bodegas del campo y el campo Birkenau. En esta rampa los prisioneros eran ordenados y despojados de sus valijas.

. . .

Aquellos que eran capaces de trabajar eran llevados a alguno de los varios campos; aquellos que no podían ser mano de obra, sin importar la razón, debían ser exterminados y eran llevados a alguno de los nuevos crematorios.

Las víctimas eran conducidas, primeramente, a un probador bajo tierra que estaba junto a la cámara de gas. Esta habitación estaba amueblada con bancas y ganchos para abrigos, y los prisioneros eran informados por los intérpretes que iban a tomar un baño y ser despiojados, y que recordaran dónde habían colgado sus vestimentas para que no hubiera confusiones al final. De ahí, procedían a otro cuarto que contenía regaderas, simplemente para darle una apariencia verosímil a lo anteriormente les habían dicho los intérpretes. Estas precauciones se tomaban para intentar prevenir el pánico, y dos de los Unterführers se mantenían junto con los prisioneros hasta el último momento para lidiar con cualquier tipo de pánico.

Sin embargo, ocasionalmente algunos prisioneros sabían lo que estaba a punto de suceder, particularmente si venían de otro campo de concentración llamado Belsen.

No había cámaras de gas en Belsen, y cuando los prisioneros de ese campo, que se encuentra al oeste de Alemania, eran trasladados a miles de millas hacia el este del país y alcanzaban la parte norte de Silesia sus sospechas se incrementaban sobremanera.

Cuando un convoy llegaba desde Belsen se incrementaban las medidas de seguridad, y los prisioneros eran divididos en grupos más pequeños y enviados a crematorios diferentes para evitar alborotos. Los hombres de la SS formaban un fuerte cordón y forzaban a los prisioneros que se resistían a entrar a la cámara de gas. Los alborotos eran, sin embargo, un tanto infrecuentes y las medidas que eran tomadas para calmar a los recién llegados usualmente eran exitosas.

Las mujeres con frecuencia escondían a sus niños debajo de sus propios ropajes cuando las colgaban de los ganchos designados, y no los metían las cámaras de gas. Por ende, los hombres del Kommando solían inspeccionar la ropa, bajo la supervisión de la SS, y cualquier niño que fuera encontrado escondiéndose en ella era enviado a la cámara de gas.

. . .

En las nuevas y mejoradas cámaras de gas, después de que media hora hubiera pasado posterior a haber encendido el gas, el aire acondicionado eléctrico era prendido y los cuerpos eran llevados a los hornos de cremación utilizando un montacargas. La quema de aproximadamente dos mil cadáveres en cinco hornos de cremación tomaba alrededor de doce horas.

Todas las piezas de ropaje y otras pertenencias de los prisioneros eran acomodadas en la bodega por prisioneros de Kommando que estaban permanentemente contratados en ese lugar. Las pertenencias valiosas eran enviadas mensualmente al Reichsbank en Berlín. La ropa, después de ser lavada, era enviada a firmas de armamento para el uso de los esclavos que laboraban ahí. El oro de sus dientes era derretido y enviado una vez al mes al departamento médico de Waffen-SS.

En diciembre de 1943, Höss dejó Auschwitz, pero su inhumana capacidad de destrucción continuó tocando las vidas de los prisioneros. Se le fue asignado un puesto administrativo en la SS, en Múnich, bajo el Obergruppenfiihrer Pohl.

. . .

En ese puesto, realizaba inspecciones frecuentes de los campos de concentración y mucha de la información que poseemos hoy en día sobre esas instituciones fue proveída por él.

Gracias a él, sabemos que no menos de 3,000,000 de personas fueron asesinadas en Auschwitz, de las cuales 2,500,000 fueron llevadas a la muerte gracias a las cámaras de gas. Sabemos que, para satisfacer una sola instrucción, sólo durante el tiempo que fue el comandante de Auschwitz 10,000 prisioneros de guerra rusos fueron asesinados ahí. Y fue él quien, en algún punto de 1942, hacía que cerca de 10,000 prisioneros atravesaran las cámaras de gas todos los días.

Los "transportes mortales", haciendo referencia a quienes traían prisioneros listos para ser asesinados en las cámaras, que llegaban a Auschwitz incluían a 90,000 de Eslovaquia, 65,000 de Grecias, 11,000 de Francia, 20,000 de Bélgica, 90,000 de Holanda, 400,000 mil desde Hungría, 250,000 de Polonia y el norte de Silesia, y 100,000 de Alemania. Así fue como Auschwitz se ganó el título de "El campo de la muerte" o "Arbeit macht frei", como se le conocía en alemán, y que colgaba de su puerta principal orgullosamente.

En todos los campos de concentración, los puestos más bajos eran generalmente ocupados por criminales alemanes profesionales que eran tomados de las prisiones civiles y entrenados específicamente para ese trabajo por personal del campo de concentración de la SS experimentado. Auschwitz no era la excepción, y las primeras llegadas ahí eran treinta criminales seleccionados para formar el núcleo del personal. Los jefes del campo, jefes del bloque, ordenadores de cuarto, y los capataces eran el peor tipo de criminales y generalmente estaban cumpliendo largas sentencias de crímenes violentos. ¿Qué mejores agentes para los planes criminales de Himmler que verdaderos criminales?

Cuatro días después, el primer transporte de polacos llegó, y por cierto tiempo solo polacos fueron encarcelados ahí. Durante el periodo de la existencia del campamento hubo prisioneros de veintiséis nacionalidades diferentes, y casi al final de ese tiempo, cuando el campo era utilizado casi por completo para la exterminación, la mayoría eran judíos. Pocos de ellos habían cometido una verdadera ofensa, estaban ahí simplemente porque eran polacos, judíos, gitanos, o prisioneros soviéticos de guerra.

. . .

Aquellos que no eran marcados para exterminación inmediata eran registrados y asignados un número.

Estos números eran cocidos en la ropa de los prisioneros y a partir de 1942 eran tatuados en sus antebrazos. También existían insignias especiales dependiendo de la categoría de los prisioneros, un triángulo rojo era para prisioneros políticos, el verde para criminales profesionales, rosa para los homosexuales, negro para las prostitutas y mujeres pervertidas, y violeta para miembros del clérigo.

Desde el momento que eran registrados perdían todo rastro de individualidad y se volvían únicamente números. No tenían personalidad ni pertenencias.

Todo lo que llevaran consigo era confiscado y guardado, excepto por ciertos tipos de artículos para los cuales existían instrucciones específicas y aquellos que eran robados por el personal y guardias de las SS para quedárselos o entregárselos a sus familias.

. . .

En este campo había 35 edificios especiales para organizar y albergar estas pertenencias, y esto puede ayudarte a tener una idea de la cantidad de pertenencias que eran confiscadas aun cuando los alemanes tuvieron éxito al quemar, junto con sus contenidos, a veintinueve de estas bodegas antes de que evacuaran el campamento.

Incluso cuando la vida era normalmente dura en Auschwitz, el castigo, para que fuera efectivo, tenía que ser mucho más severo. Para hacerlo, el personal del campo no pareció haber tenido dificultad alguna. Los siguientes castigos usualmente eran infligidos por el comandante: azotes, transferencia a un grupo penal, pararse o hincarse por horas, y el confinamiento solitario en una celda estrecha y oscura.

Estas celdas eran tan pequeñas que los prisioneros no podían moverse y tenían que estar parados en todo momento. En Birkenau, las entradas a ellas simulaban el arco de acceso de una casa para perros, y solo había suficiente espacio para que un ser humano se arrastrara hacia adentro.

. . .

Stehzelle era acompañada y avivada por diversas formas de tortura como la extirpación de uñas, tirar agua dentro de los oídos, privación de todo tipo de alimentos excepto vegetales demasiados salados para que se generara una mayor e incontrolable sed. Los azotes eran administrados públicamente durante el pase de lista al anochecer en un bloque especialmente hecho para latigazos. Era administrada en los glúteos con un látigo de cuero. Aunque las regulaciones estipulaban que el área de los glúteos debía de estar cubierta, la realidad era que los prisioneros eran azotados con la piel al descubierto hasta que hubiera sangre corriendo de ella. Si el prisionero o la prisionera se desmayaba, era rápidamente revivido para que el castigo pudiera ser terminado.

El "castigo de pie" que estaba diseñado especialmente para las mujeres, consistía en mantenerse parado en la posición de firmes por largos periodos de tiempo y nada para comer. El "castigo hincado" era similar, solo que los prisioneros se encontraban hincados con las manos hacia el frente y una piedra pesada en cada mano. Si llegaban a bajar los brazos, o tiraban las piedras al suelo, eran azotados y golpeados duramente.

. . .

El bloque XI era un edificio oscuro, y con un aspecto tenebroso; en él vivían los miembros de los pelotones penales, también conocido como el batallón de castigo, cuando no se encontraban satisfaciendo cualquier actividad mundana que se les fuera impuesto como labor.

Su trabajo siempre era a la intemperie, sin importar el crimen, y con frecuencia se encontraban con el agua hasta la cintura. Cuando no se encontraban trabajando, estaban acostados toda la noche en habitaciones totalmente congeladas sobre suelos desnudos y sin mantas. La tasa de enfermedad que se presentaba bajo estas condiciones era muy alta, y ya que los enfermos del Bloque XI no tenían permitido recibir atención médica o ser llevados al hospital, muchos de ellos murieron.

Aun así, una cantidad mucho mayor murió de simple violencia. El líder del bloque, llamado Krankenmann, mató a muchos individuos con sus propias manos. Solía alinear a los prisioneros contra una pared de piedra, y golpeaba sus mandíbulas tan fuertes que se fracturaba, y la parte de atrás de sus cabezas se impactaban contra la pared y dejaban marcas de sangre.

. . .

A medida que los prisioneros perdían su habilidad para trabajar, eran purgados y asesinados. La selección se hacía en desfiles especiales. Los enfermos y viejos que sabían cuál era la meta de los desfiles trataban de parecer más jóvenes y saludables. Se paraban erguidos y sacaban el pecho. Cuando eran seleccionados, los prisioneros eran colocados en bloques aislados que eran popularmente conocidos entre ellos como los "bloques de la muerte".

Las cámaras de gas no eran las únicas formas en las que los "inútiles" eran aniquilados. Otro método popular para matar a los prisioneros era a través de inyecciones de fenol, y fue introducida por el SS Obersturmftihrer Dr Endredd: era asistido por otros miembros del personal médico del campo y con colaboración de todos asesinaron a alrededor de 25,000 prisioneros utilizando esta técnica.

El tercer método de exterminación era el fusilamiento, y este tipo de ejecuciones eran llevadas a cabo por el departamento político liderado por el SS Untersturmfiihrer Grabner, un hombre personalmente responsable, quizá, por más asesinatos que cualquier otro individuo en toda la SS.

Grabner inició ejecuciones masivas diarias y también introdujo la práctica de dispararle a las víctimas en la parte de atrás de la cabeza, la cual fue generalmente empleada por toda la SS a lo largo de Europa. Sus asistentes principales eran Fritsch, Palitsch, y Aumeier. Grabner y sus asistentes torturaban a los prisioneros durante las interrogaciones, las cuales tomaban lugar frecuentemente y bajo cualquier pretexto que se les pudiera ocurrir. Si el prisionero era un hombre, solían encajar agujas en el área de sus testículos, y si era una mujer insertaban un supositorio hirviendo dentro de su cavidad vaginal.

Las ejecuciones por fusilamiento eran llevadas a cabo junto a los postes que se encontraban a las afueras de la valla de metal del campo. Los prisioneros eran atados a estos postes con sus brazos detrás de ellos, y luego se les disparaba en grupos de diez, y el último grupo siempre había atestiguado el destino que habían sufrido los otros hombres. Palitsch era el que disparaba la pistola, pero Grabner daba la orden, y 25,000 prisioneros fueron eliminados, en Auschwitz, de esta manera bajo sus órdenes.

. . .

El cuarto y último método de exterminación que era usado generalmente era el ahorcamiento. Este era usado principalmente en casos donde los prisioneros habían intentado escapar y habían sido capturados de nuevo. Estas ejecuciones tomaban lugar en presencia de todos los otros prisioneros para coaccionarlos a no intentar escapar. Antes de ser colgados, los prisioneros eran azotados. Sus cuerpos se mantenían en la horca durante toda la noche, y a la mañana siguiente todos los miembros del campamento eran forzados a caminar frente a ellos.

Belsen

Aunque el "Campo de la muerte" ciertamente le hacía honor a su nombre, podemos decir que únicamente era la mitad de la historia. Cerca de la villa de Bergen, en el camino de Celle a Hamburgo se encontraba el campo de concentración Belsen.

Originalmente era pequeño, y posteriormente fue expandido hasta que, en noviembre de 1944, Joseph Kramer, un ejecutivo de los campos de concentración con vasta cantidad de experiencia, fue enviado ahí desde Auschwitz para inaugurarlo como una bodega convaleciente para las personas enfermas de otros campos de concentración, fábricas, y granjas, y para individuos que hubieran sido desplazados de todo el noroeste de Europa.

El campamento tenía la misma cantidad de personal que cualquier otro, el sistema maestro inmaculado también era usado aquí. No había cámaras de gas en Belsen, sin embargo, a pesar de ello miles fueron exterminados a causa de las enfermedades y la hambruna.

Durante los últimos meses de la existencia del campamento, la escasez de comida era tan aguda que los prisioneros (ya que el personal del campamento era bien alimentado) tuvieron que recurrir al canibalismo, y un ex-interno británico proveyó evidencia en el juicio del comandante, y de algunos de los miembros de su personal, que cuando se le solicitaba a los prisioneros ayudar con el movimiento de cadáveres uno de diez había cortado un pedazo del muslo u otra parte del tiempo para llevarse y comer, y que había visto personas haciendo esto. Habían sido empujados a esos extremos por las garras del hambre.

. . .

Las pilas de cadáveres estaban asentadas alrededor de todo el campo, afuera y dentro de las caballas, algunos de ellos en las mismas literas que los que quedaban vivos. Cerca de los crematorios estaban las fosas comunes que habían llenado, y una de ellas estaba abierta y llena de cadáveres.

Los dormitorios estaban rebosando de prisioneros que estaban en todas las fases de enfermedades que se pudieran imaginar; en algunos, que solo estaban capacitados para acomodar a cien personas, llegaban a haber hasta mil individuos.

No había procedimientos de desinfección y las condiciones dentro de los dormitorios eran catastróficas, ya que la mayoría de los prisioneros sufrían de alguna forma de gastroenteritis y estaban demasiado débiles como para lograr ir afuera. En cualquier situación, los baños del dormitorio habían estado fuera de servicio durante mucho tiempo. En el edificio de las mujeres, había una trinchera profunda con un palo encima de ella, pero no había una cortina ni ninguna otra manera de conseguir un poco de privacidad.

. . .

Aquellos que eran lo suficientemente fuertes podían ingresar a las instalaciones: otros hacían sus necesidades naturales donde quiera que estuvieras. De esta forma, los edificios estaban llenos de excreciones humanas. En uno de ellos, había alrededor de 8,000 prisioneros hombres y al mismo tiempo una pandemia de tifoidea. En uno de los edificios para mujeres, había alrededor de 23,000 mujeres y muchos cadáveres continuaban asentados en lugares al azar.

En uno de los edificios, que estaba cerca de una de las pilas de cadáveres, había mujeres muertas acotadas en el pasillo; en una habitación que llevaba al otro lado del pasillo, había tantos cuerpos que era imposible poner uno más. Setenta por ciento de los prisioneros requerían hospitalización, y era probable que 10,000 de estos murieran antes de que fueran admitidos.

Cualquier forma de enfermedad era prevalente, pero aquellas que fueron las responsables de la desesperanzada condición de la mayoría de los pacientes eran la tifoidea, tuberculosis, y la inanición. Las condiciones dentro del campo seguramente fueron precarias por varios meses para que pudieran generar la muerte en personas de buena salud.

La mañana después de su inspección, el Brigadero Glyn Highes realizó un segundo tour en el campo con Kramer, quien lo llevó a una de las fosas abiertas. El comandante parecía frío e indiferente. "He sido médico por treinta años" reportó el Brigadero Glyn Hughes "y había visto todos los horrores de la guerra, pero nunca había visto que algo los tocara". También afirmó que no parecía haber intento de preservar las vidas y salud de los prisioneros.

Dentro de un periodo de tiempo corto después de la llegada del ejército británico al campamento, se tomó un video de las instalaciones, y este fue mostrado en el juicio de Belsen. Este mismo video se les fue mostrado a una audiencia de alemanes en Lüneberg, donde se había llevado a cabo el juicio. Aparentemente, a ninguno le resultó entretenido, y muchos de ellos pensaron que únicamente era propaganda.

Buchenwald

En una colina boscosa a seis millas de Weimar, uno de los altares de la cultura y libertad alemanas, se estableció un nuevo campo de concentración en el verano de 1937. Dachau y Sachsenhausen florecían en el negocio del genocidio, y Hitler quería otro "calabozo de la democracia" en la Alemania central.

Por casi ocho años, este campo fue el escenario de brutalidad y barbarismo. Los prisioneros eran usados como conejillos de indias para experimentos, miles fueron fusilados, muchos otros, llevados a la locura por la miseria y el horror de su vida diaria, corrían frente al cordón de guardias mientras se encontraban en el campo trabajando, añorando el dulce beso de la muerte que los liberaría de la agonía mental y física a la que estaban sometidos.

En Buchenwald, los prisioneros eran aplastados por rocas, ahogados en abono para siembra, azotados con látigos, sometidos a hambruna, castrados, y mutilados, y, sin embargo, esto no era todo. Cada prisionero que había sido tatuado recibía la orden de reportarse al dispensario. Al principio, nadie sabía por qué, pero el misterio pronto fue resuelto. Aquellos que portaban la tinta fueron detenidos y asesinados por inyecciones administradas por Karl Beigs, uno de los Kapos.

. . .

Después, el cadáver era traspasado al departamento patológico, donde les removían la piel y tratados para convertirlos en productos. Estos eran, posteriormente, dados a la esposa del comandante, Ilse Koch, quien solicitaba que se convirtieran en lámparas, cubiertas de libros, y guantes.

Otro descubrimiento que se hizo en Buchenwald cuando el ejército americano llegó a él en abril de 1945 fue los cráneos preservados de muchas de las víctimas.

Alguien en el campo había decapitado a dos polacos quienes habían sido colgados por haber tenido sexo con chicas alemanas. Los cráneos fueron removidos y las cabezas encogidas, rellenadas, y preservadas. Las cabezas eran del tamaño de un puño y el cabello y las marcas de la soga aún se veían en ellas.

En este campamento se vivió todo tipo de horrores por ocho años, y fueron impartidos con un placer sádico.

Desde simple exterminación, o exterminación por agotamiento laboral, el patrón seguía este orden en cada vez: rompe el cuerpo, rompe el espíritu, rompe el corazón.

Dachau

Dachau, uno de los primeros campos de concentración, estaba localizado cerca del pueblo del mismo nombre y alrededor de 12 millas de Múnich. Al costado de la calle principal se encontraba un señalamiento que indicaba el camino. Fue ahí donde los infames experimentos médicos fueron llevados a cabo en cientos de prisioneros que se convirtieron en conejillos de indias humanos.

Entre 1941 y 1942 casi quinientas operaciones fueron realizadas en personas sanas. La meta era instruir a los doctores y estudiantes médicos de la SS. Muchas de las operaciones eran serias por naturaleza, por ejemplo, la remoción de la vejiga, y eran realizadas por estudiantes con solo dos años de experiencia. Estas operaciones normalmente no deberían ser realizadas si no son por doctores con al menos cuatro años de práctica en cirugía. Muchos de los pacientes morían durante la operación o por complicaciones postoperatorias.

Los experimentos con Malaria también fueron llevados a cabo en alrededor de 1,200 prisioneros, de los cuales ninguno se expuso voluntariamente. Estos experimentos estuvieron a cargo del Dr. Schilling, quien operaba bajo las instrucciones personales de Himmler. Las víctimas eran mordidas por mosquitos o inyectadas con esporofitos de malaria tomados de mosquitos infectados. La meta del experimento era probar ciertos medicamentos específicos para tratar la fiebre por malaria.

De treinta a cuarenta de estos "pacientes" murieron de la malaria con la cual se les había infectado, y muchos otros cientos de ellos murieron posteriormente a manos de enfermedades que habían desarrollado como resultado de haber padecido la enfermedad. Una cierta cantidad también perecieron de sobredosis de neosalvarsán y aminofenazona, dos de las drogas experimentales.

Otros experimentos fueron realizados en Dachau por el Dr. Sigmund Rascher, un mayor de Liftwaffe. 25 hombres fueron colocados en una camioneta especialmente construida donde la presión del aire podía ser incrementada o reducida.

La meta del experimento era observar los efectos en las víctimas al ser expuestas a una altura mayor o un descenso rápido en paracaídas.

Muchos de los prisioneros sometidos a este experimento, que seguramente era una vil forma de tortura, murieron de hemorragia en los pulmones o el cerebro.

Aquellos que sobrevivieron tosían sangre después de ser removidos del área. Los órganos internos de aquellos que habían muerto eran enviados a Múnich para examinación, y los sobrevivientes con frecuencia eran asesinados posteriormente.

Otros experimentos llevados a cabo por el Dr. Rascher consistían en observar el efecto de la inmersión por largos periodos de tiempo en agua muy helada. Estos fueron descritos por el Dr. Granz Blaha de Checoslovaquia, quien había sido capturado y aprisionado en Dachau. Él estuvo presente en una gran cantidad de estos experimentos. Según su testimonio, los experimentos eran usados como métodos de entretenimiento, y Himmler en varias ocasiones llevaba a grupos de sus amigos a observarlos.

Himmler tomó suficiente interés en el experimento como para escribirle al General de la SS Pohl para notificarle del progreso y que había dado la orden de que mujeres indicadas - que no fueran alemanas - debían ser redirigidas a Dachau con el propósito de revivir a quienes habían estado demasiado expuestos.

Otros experimentos fueron llevados a cabo en ese campo por el Dr. Schutz y otros médicos alemanes en una gran cantidad de sacerdotes polacos, checos, y holandeses. Un grupo de estos fueron seleccionados e inyectados intravenosamente con pus. No se permitía ningún tipo de tratamiento después de la inyección para que la inflamación o el envenenamiento de la sangre ocurriera. Varias drogas se usaban para intentar lidiar con la condición. Se sufría sobremanera durante este experimento, y muchos de los que no murieron de septicemia se volvieron discapacitados permanentemente.

Los experimentos que se llevaban a cabo en los campos de concentración por doctores alemanes no eran acorde a los lineamientos médicos de la ética y la moral.

. . .

Los objetos no eran voluntarios, la violencia física se usaba con frecuencia, y no se hacía nada para limitar o reducir el dolor y agonía de los sujetos de prueba. Las operaciones comúnmente eran realizadas por personal no capacitado y bajo condiciones poco higiénicas.

Neuengamme

El campamento de Neuengamme fue fundado en 1938 y su población creció en números tan rápidamente que para 1942 había tres veces más de prisioneros de lo que el campo inicialmente podía albergar. Fue en ese año que un cambio en la política de campos de concentración entró en vigor gracias a las reservas alemanas y pérdidas en Rusia. Antes de eso, la política que fomentaba Himmler era una de muerte y exterminación de los prisioneros indeseados en los campos. Subsecuentemente, esta fue radicalmente alterada gracias a la escasez de labor, y, en su lugar, se tornó en una de preservación de la vida al nivel que gastara la mínima cantidad de recursos. De esta forma podían explotar a los prisioneros al más bajo costo para incrementar sus ganancias y mantenerlos vivos al mismo tiempo.

. . .

Después de 1942, en Neuengamme, solo aquellos que no eran capaces de trabajar eran llevados a la muerte.

El resto de ellos, durante el corto periodo de tiempo que aún podían trabajar, tenían que sufrir el ser mantenidos vivos. En general, alrededor de 90,000 personas pasaron por Neuengamme, de los cuales 40,000 murieron, 3,000 de causas naturales y 37,00 mil de causas naturales surgidas de las condiciones poco naturales y la frialdad del trato a sus personas.

Del número total de prisioneros en el "Anillo de Neuengamme" (que involucraba a campamentos más pequeños conocidos como "satélites" y localizados alrededor del campo principal) durante los últimos doce meses de la guerra, 90% eran aliados nacionales que fueron importados a Alemania como esclavos de trabajo, y diez por ciento eran alemanes, criminales habituales que ocupaban puestos de bajo rango en el campo.

El campamento principal de Neuengamme era un depósito del cual las personas sanas eran seleccionadas para ser transferidas a los campamentos satélite donde se sometían a dificultades físicas y mentales mucho más barbáricas que en el campamento principal, y donde la expectativa de vida estimada era de dos meses.

Ravensbrück

En Mecklenburg, cerca de cincuenta millas al norte de Berlín se encuentra un grupo de lagos rodeados por tierra pantanosa. Cerca de uno de estos, el lago Fürstenberg, se estableció un nuevo campo de concentración poco después del inicio de la guerra en 1939. Se conocía por el nombre de Ravensbrück y consistía en un campo principal y campos auxiliares. El campo principal albergaba únicamente a mujeres y desde su creación más de 123,000 mujeres estuvieron internadas ahí. Un gran número de ellas eran francesas y de ellas se derivó el nombre popular del campo "L'Enfer des Femmes".

Algunas de estas mujeres eran prisioneras de guerra, enfermeras de la Cruz Roja rusa capturadas en el campo de batalla, pero la mayoría eran civiles, sean miembros del movimiento de resistencia o trabajadoras esclavas que habían sido deportadas de sus casas para trabajar en Alemania y su capacidad laboral había sido considerada insuficiente.

El campo principal estaba diseñado para recibir a 6,000 individuos. Desde 1944 en adelante, nunca hubo menos de 12,000 mujeres internadas ahí, y en enero de 1945 llegó a haber hasta 36,000. Al menos 50,000 murieron ahí y muchos miles más sin duda perdieron su vida después de ser transferidos a otros campos. Aparte de aquellas que fueron asesinadas, la mayoría de las razones detrás de esta horripilante tasa de muerte eran desnutrición, exceso de trabajo, falta total de higiene y desinfección, y el maltrato sistemático del personal del campo.

El completo trato de las prisioneras por parte de los miembros del personal del campamento, desde el comandante hasta los guardias de la SS, tenían como objetivo deteriorar la condición de los prisioneros tanto físicamente como mentalmente. Una de las prisioneras era una mujer noruega bien conocida en su país. Su presencia en el campo se debía únicamente al hecho de que era una amiga cercana del rey de Noruega.

. . .

Cuando llegó al campo, fue recibida de la forma usual y, después de un par de horas, fue llevada a una habitación amplia que después entendería era el baño. No había bañeras en ella, solo agujeros en el techo de los cuales fluía el agua. La comida era vagamente suficiente para mantener vivos a los prisioneros, y ciertamente insuficiente para mantenerlos en un estado adecuado para trabajar. La cantidad variaba, y a partir de 1942 era completamente inadecuada.

Los prisioneros eran sometidos a tal hambruna que comían cáscaras de papa y pedazos de coles que encontraban en el suelo cerca del área de cocina, y esto era entendible cuando el menú del día era un recipiente de imitación de café en las mañanas, una sopa hecha de papas y col al medio día, y lo mismo para la noche con un poco de pan.

Esto era, por supuesto, sabido por el comandante, pero nunca se hizo nada para mejorar estas condiciones. En realidad, el personal del campo solía robar grandes cantidades de comida para sí mismos y sus familias que pertenecían a los prisioneros, y también se robaban los paquetes humanitarios que enviaba la cruz roja, y los obligaban a firmar los recibos bajo amenazas de muerte.

Esto no era todo. El personal tomaba placer en atormentar prisioneros hambrientos aventándoles pedazos de pan que había crecido moho en las bodegas. Ver a estos esqueletos vivientes pelear como bestias salvajes por migajas era una fuente de entretenimiento que siempre divertía a la SS. Se esperaba que con este tipo de míseras dietas no solo que los prisioneros pudieran sobrevivir, sino que también fueran capaces de trabajar entre diez y once horas al día.

El trabajo era continuo durante el día y la noche con un turno doble de alrededor de once horas cada uno. El despertar era a las 5:30 am y el pase de lista a las 7:30 am. Esto generalmente duraba alrededor de dos horas durante las cuales los prisioneros debían pararse en posición de firmes a la intemperie sin importar el clima o si era verano o invierno. Cuando el turno terminaba, había un segundo pase de lista.

El trabajo era duro y las trabajadoras soportaban golpes y patadas sin descanso.

Girar, tallar, cargas y descargar, cavar, limpiar los caminos, este tipo de trabajo era el que realizaban estas mujeres, y eran amenazadas y golpeadas cada vez que se detenían un segundo para recuperar su aliento. La falta de sanidad era suficiente causa para la alta tasa de enfermedades.

Cuando las prisioneras se enfermaban a tal gravedad que no podían ser golpeadas para regresar a trabajar eran admitidas al hospital del campamento que era conocido como el "Revielle". Solo era un hospital por el título, ya que difería en muy poco con los edificios originales donde las prisioneras vivían y morían.

Tenían las mismas filas de camas y, con frecuencia, en una sola cama solía haber dos pacientes.

En uno de los bloques del campo había un cuarto especial en el cual vivían las mujeres que se habían vuelto locas. Era una habitación muy pequeña, alrededor de cinco por seis yardas y en ocasiones hasta sesenta o setenta mujeres estaban confinadas dentro de él.

. . .

Estaban semidesnudas, solo usando batas en lugar de vestidos. El cuarto estaba tan lleno que apenas había lugar para estar sentado, y ni hablar de intentar acostarse en el piso. Solo había una ventana, sin cristal, y durante invierno estaba completamente helado. Las mujeres no tenían sábanas o nada similar para cubrirse del frío.

Los recursos sanitarios consistían de una única cubeta en el centro de la habitación, la cual se llenaba rápidamente durante la noche, y por la mañana las ocupantes del cuarto estaban cubiertas de sus propias secreciones.

Muchas de las presentes ni siquiera estaban mentalmente enfermas, pero aun así estaban encerradas todo el día y sin ser capaces de salir por ninguna razón. Eran dejadas ahí con el único propósito de que murieran.

Con frecuencia había peleas entre ellas y una mañana cuatro fueron encontradas estranguladas. Así que el encargado del hospital, Treite, dio la orden de que las "diez mujeres más locas" fueran asesinadas para hacer más espacio para otras.

. . .

Terminó con las vidas de muchos de sus pacientes administrando inyecciones letales, y todos los pacientes con tuberculosis eran enviados a las cámaras de gas.

Los campos de concentración eran el final eslabón de la cadena de terror en la que la Alemania Nazi suprimió a la Europa ocupada desde 1940 hasta 1945. Cada camino de miseria llevaba al campo de concentración y eventualmente a la muerte. Los judíos, los prisioneros de guerra rusos, los partidarios, los eslavos que no podían trabajar más, los comandos aliados, los prisioneros Nacht y Nebel, y un puñado de otros hombres y mujeres inocentes habían sido arrebatados de sus hogares por la Gestapo gracias que se rehusaban a cooperar con sus agresores, o mostraban algún tipo de señal de resistencia hacia la conquista perpetuada por la "raza superior". Miles de estas personas eventualmente se encontraron en Belsen, Buchenwald, Dachau, Mauthasen, o Ravensbrück únicamente para morir, o, si eran lo suficientemente afortunados, emerger pocos años después, rotos en cuerpo y alma.

5

La masacre de Lídice

Los Nazis masacraron arbitrariamente a muchos países, ciudades, y pueblos, y entre ellos se encontraba un pequeño poblado checo conocido como Lídice. El sanguinario evento enfureció al mundo, incluso cuando los judíos europeos ya se estaban enfrentando a un destino similar en los campos de concentración.

En 1947, el niño de ocho años Václav Zelenka regresó al pueblo checo de Lídice como el último de los niños perdidos de la población. Cinco años antes, él y los otros 503 residentes del pueblo de Lídice habían sido cruelmente atacados por los Nazis, sin embargo, al ser cuestionado, el joven Zelenka comenta que tiene muy pocos recuerdos del evento.

. . .

Él pasó el tiempo restante de la Segunda Guerra Mundial con una familia adoptiva en Alemania, sin siquiera ser consciente de que había sido secuestrado de su comunidad natal en Checoslovaquia.

A simple vista, Zelenka era un joven afortunado: era uno de los únicos 17 niños sobrevivientes de la masacre Nazi que tuvo lugar el 10 de junio de 1942, este acto de violencia, aparentemente arbitrario, terminó tomando la vida de 340 residentes de la población de Lídice. A pesar de su renuencia inicial a dejar Alemania, Zelenka se reajustó a su vida como solía ser en el pueblo, y tiempo después incluso se convirtió en el alcalde de la reconstruida ciudad de Lídice.

El mundo escuchó de Lídice por primera vez a través de un vago y poco importante mensaje que fue transmitido en la radio Nazi al día siguiente del ataque: "todos los habitantes masculinos han sido fusilados. Las mujeres han sido transferidas a un campo de concentración. Los niños fueron llevados a los centros educativos. Todas las casas de Lídice han sido demolidas, y el nombre de esta comunidad ha sido borrado".

. . .

Este comunicado se ofreció sin, según reportan, emoción alguna, rastros de arrepentimiento, como si fuera una noticia que se perdió entre los reportes del clima.

Aunque los Nazis pretendían poner a Lídice como ejemplo borrándola de la historia, su atrevida proclamación, acompañada de amplia evidencia fotográfica de la atrocidad, enfureció a Los Aliados a tal extremo que Frank Knox, el secretario de Marina de los Estados Unidos, proclamó: "si las futuras generaciones nos preguntan por qué estábamos luchando en esta guerra, les hablaremos de la historia de Lídice". Este suceso era un claro ejemplo del alcance que tenía el desdén alemán por todos aquellos que consideraran enemigos de su patria, y demostraba totalmente que la crueldad que eran capaces de demostrar para dejar en claro su superioridad como raza no tenía límites.

Cuando las noticias de la masacre de Lídice salieron a la luz, la comunidad internacional respondió con indignación y con la promesa de mantener viva la memoria del pueblo.

. . .

Un pequeño barrio en Joliet, Illinois, adoptó el nombre de Lídice y el presidente Franklin D. Roosevelt emitió un comunicado alabando el gesto: "el nombre de Lídice debía borrarse del tiempo", dijo. "En lugar de ser eliminado como querían los Nazis, a Lídice se le ha dado una nueva vida". En el distrito inglés de Stoke-on-Trent, el miembro del Parlamento Barnett Stross condujo la campaña "Lídice vive" donde recaudó dinero para los esfuerzos de reconstrucción. Los artistas también inmortalizaron esta tragedia en sus trabajos, incluyendo a la poeta Edna St. Vincent Millay's con su obra La Masacre de Lídice.

En comparación, la respuesta de Los Aliados a la "Solución Final al problema judío" un plan Nazi donde se llevó a cabo un genocidio de la población judía europea, tomando la vida de seis millones de judíos (incluidos 263,000 judíos checos) fue deliberadamente medida.

El 17 de diciembre de 1942, los Estados Unidos, el Reino Unido y otros gobiernos aliados emitieron una declaración donde condenaban a los Nazis por la aniquilación de los judíos europeos, sin embargo, gracias a la falta de información y el secretismo alemán, no tenían los datos suficientes como para respaldar sus acusaciones, y no sabían hasta qué grado los judíos estaban envueltos en una guerra voluntaria con el país, o lo que habían hecho para merecer tal trato.

Por otro lado, los ciudadanos de Lídice eran vistos como víctimas universales, pacíficos civiles que tuvieron la desgracia de presenciar de primera mano el desprecio de los nazis por la vida humana. La población judía en Europa representaba un grupo demográfico mucho más políticamente cargado. Entre el creciente sentimiento antisemita y la propaganda alemana acusando a Los Aliados de inclinarse hacia los "intereses judíos" emerge Lídice como ejemplo neutral e indisputable de la inmoralidad Nazi, era el ejemplo perfecto para eliminar toda duda de que, quizá, la guerra que peleaba Alemania era una justa y noble. Sin embargo, hoy en día, los debates alrededor de este movimiento se han vuelto un tanto polémicos, ya que se sabe el verdadero impacto que el movimiento nacionalista alemán tuvo en las poblaciones judías y el papel poco relevante que jugaron los roles políticos de estos en ella.

. . .

La guerra Nazi también se caracterizó por ser una de oportunidad, a pesar de sus exhaustivos planes, el partido alemán se especializaba en una cosa: tomar las oportunidades que se les presentaran. Y es por lo que, si no hubiera sido por la acción inoportuna de un atrevido checo en busca del verdadero amor, Lídice podría haber escapado ilesa de la guerra. Checoslovaquia fue unos de los primeros objetivos de los Nazis: Alemania asumió el control de Sudetenland, un territorio checo habitado por muchos alemanes étnicos, en 1938, e invadió el resto de las tierras en marzo de 1939, al inicio de la guerra y de manera simultánea a los terrenos ocupados de Polonia.

Lídice, era un pequeño pueblo minero que se encontraba alrededor de 12 millas de Praga, languideció bajo el control de Reinhard Heydrich, un oficial de alto rango de la SS (la escuadra de protección) y diputado del Protectorado de Bohemia y Moravia. Heydrich era temido y conocido por ser un comandante despiadado, además de ser completamente leal a las órdenes y decretos emitidos por la cancillería, sin embargo, y a pesar de los métodos cuestionables que se habían utilizado para ocupar el poblado, la vida y la integridad de Lídice no parecían correr un peligro inmediato.

. . .

Aun así, mientras Heydrich trabajaba para vencer al movimiento de la resistencia, la situación se volvió delicada. El 27 de marzo de 1942 uno de los operativos embistió al odiado oficial con tal fuerza que el joven comandante alemán resultó gravemente herido. Fue atendido por las fuerzas médicas alemanas, y se le otorgó la mejor tecnología de salud que se encontraba disponible; a pesar de los esfuerzos. Heydrich nunca logró recuperarse y el 4 de junio falleció de septicemia en un hospital de Praga, en Checoslovaquia.

Adolf Hitler, quien era un hombre con vasto aprecio por todos los generales involucrados en la SS, ordenó una represalia inmediata para vengar la muerte de su preciado compatriota. En un ataque de ira, decidió que haría de Lídice un ejemplo para sus enemigos, ya que creía que un gran número de sus residentes estaban ligados a la resistencia Checa. En el poblado cercano de Kladno, la Gestapo había interceptado una carta de amor escrita por uno de los presuntos participantes del asesinato de Heydrich. La nota estaba dirigida al trabajador de una fábrica local, quien, al ser interrogado, implicó a los Horáks, una familia que vivía en Lídice.

. . .

Conocidos por ser simpatizantes de Los Aliados, la familia Horáks incluso había tenido un hijo quien había formado parte del ejército checo de Gran Bretaña, pero al investigar la situación con calma y detenimiento, los soldados alemanes a cargo del caso no pudieron encontrar ninguna conexión entre la familia Horáks y la muerte de Heydrich. El equipo de investigación llenó el reporte de sus hallazgos y lo reportaron inmediatamente a sus superiores en la SS, y al mismo tiempo estos reportaron a los suyos hasta que el caso, que se había quedado sin pistas, llegó nadie menos que Hitler. Sin embargo, el Führer estaba determinado a castigar a los checos, independientemente de su complicidad en el movimiento de resistencia, así que, a pesar de que la investigación no tuvo los resultados que esperaba, continúo con el plan inicial de darle un escarmiento al pueblo de Lídice.

El 10 de junio, justo después de la medianoche, oficiales Nazis llegaron a Lídice para arrebatar a los habitantes de sus hogares y reunirlos en la plaza principal, localizada en el centro del poblado. Los hombres mayores de 15 años fueron llevados a la casa de campo de los Horáks, mientras que las mujeres y niños fueron trasladados a una escuela en Kladno.

. . .

Para la tarde de ese mismo día, los Nazis ya habían ejecutado a 173 hombres. Las víctimas eran llevadas en grupos de 10 y alineadas contra el granero ubicado en la parte trasera de la propiedad, y el cual había sido cubierto con colchones para evitar que las balas rebotaran y dañaran a los soldados que estaban a cargo del fusilamiento. Los oficiales ofrecieron misericordia al sacerdote local, Josef Stembarka a cambio de calmar a la congregación que justificadamente había cundido en completo pánico, sin embargo, Stembarka se negó.

Al ser cuestionado al respecto, el clérigo respondió que había nacido, crecido, y vivido con su rebaño, y de la misma forma los acompañaría hasta el final, "Si he vivido con ellos, con ellos he de morir" fueron las últimas palabras antes de ser alineado junto con otros de los hombres del pueblo y fríamente fusilado. Las mujeres que se negaron a dejar a sus esposos también sufrieron el mismo destino, y los hombres que habían sido lo suficientemente afortunados para estar fuera de la ciudad al momento fueron rastreados y llevados de vuelta al pueblo para ser asesinados de la misma manera que sus compatriotas.

. . .

Determinados a eliminar Lídice, los Nazis destruyeron todos los edificios que se encontraban en su territorio, e incluso exhumaron el cementerio de la ciudad. Al terminar de ejecutar a todos los civiles que encontraron a su paso, arrojaron a las víctimas de la masacre en una fosa común que fue cavada por los prisioneros de Terezin, un campo de concentración cercano, y los calcinaron para evitar que se pudrieran. Esta era una práctica común en los campos de concentración, y era una manera de desaparecer completamente a los prisioneros y todos sus rastros.

Sorprendentemente, las tétricas técnicas de disposición de los cuerpos, la vaga razón detrás de la matanza, e incluso rapidez con que realizaron el operativo no fue lo que indignó más a las fuerzas aliadas, sino el hecho de que filmaron alegre y detalladamente las secuelas de su aniquilación. Además, esta grabación fue tomada por el departamento de propaganda de la SS y replicada para campañas de terror entre los que eran considerados enemigos del partido Nazi.

En Kladno, los habitantes que habían sido enviados al campo de trabajo esperaban noticias de sus familiares.

. . .

Las mujeres embarazadas y los niños menores de un año fueron separados de los demás, al igual que algunos infantes con rasgos faciales alemanes. Ninguna noticia llegó, sin embargo, tres días después del ataque, los oficiales Nazis llegaron al campo y separaron a los jóvenes de sus madres, asegurándoles a todos que se reunirían de nuevo cuando fueran reubicados. Las mujeres subieron a camiones con destino al campo de concentración de Ravensbrück y la mayoría de los niños se fueron llevados a un campo en Łódź, Polonia.

Los jóvenes sobrevivientes, es decir que no fallecieron de hambruna u otros maltratos realizados por sus captores, llegaron a Łódź como portadores de un claro mensaje que los soldados Nazi les habían dado: "Los niños llevan con ellos solo lo que tienen puesto, no se les proveerá de ningún cuidado especial" y, en efecto, la única "atención" brindada en el campamento fue la realización exhaustiva de pruebas físicas. Los doctores alemanes median los rasgos faciales de los niños, identificando a aquellos con características "Arias" para convertirse en candidatos a la "Germanización", un proceso donde niños no alemanes con las características adecuadas son adoptados por familias alemanas.

. . .

En total, nueve niños cumplían con estas características, y poco tiempo después fueron enviados a Puschkau, en Polonia, para que aprendieran alemán e iniciaran el proceso que ellos denominaban como de "asimilación", es decir, pudieran empezar a aprender cómo debía ser y comportarse un miembro de una familia alemana pura. El 2 de julio, los 81 niños restantes fueron llevados al campo de exterminación Chelmno. No existen registros posteriores ni se tiene conocimiento de qué sucedió con esos niños, por lo que los historiadores creen que probablemente fueron llevados a las cámaras de gas y asesinados ese mismo día.

Para cuando la guerra concluyó, 340 de los 503 habitantes de Lídice estaban muertos como resultado directo de la masacre del 10 de junio. 143 mujeres y niños, incluyendo a aquellos que nacieron después del ataque, eventualmente regresaron a las ruinas de su pueblo natal y comenzaron con la ardua tarea de reconstrucción.

Actualmente, Lídice es un pequeño pueblo con alrededor de 540 habitantes, reconstruido junto con un monumento y un museo que conmemoran la tragedia, se alzan en desafío a los intentos de exterminio de los Nazis: 82 estatuas de bronce de tamaño mayor al promedio, donde cada una representa uno de los niños perdidos de Lídice. El año pasado, durante la conmemoración del 75 aniversario de la tragedia, los dolientes se reunieron en todas partes, desde la propia aldea checa hasta un vecindario de Illinois que lleva el nombre de Lídice desde julio de 1942.

Anna Hanfová, una chica que fue seleccionada de entre sus tres hermanos para someterse al proceso de germanización, fue una de las primeras niñas perdidas en regresar a Lídice. Durante el resto de la guerra, ella vivió al este de Alemania, pero aún mantuvo contacto, aunque limitado, con su hermana Marie y su prima Emilie Frejová, para cuando Anna regresó a Lídice, condujo a las autoridades hacia los hogares alemanes donde se encontraban sus parientes.

Otto y Freda Kuckuk, una pareja acomodada con fuertes lazos con la SS, habían adoptado a Frejová.

En su libro "Testigos de la guerra", el autor Michael Leapman escribe que Frejová se ajustó bien a su nueva vida, pero el caso de Marie era más complicado: su familia adoptiva la trataba como una esclava y la convencieron de que los checos eran una raza subordinada destinada a servirle a los legítimos alemanes. Después de ser rescatada, y a pesar de vivir en la reconstruida ciudad de Lídice, le tomó años a Marie el poder sobreponerse a este tipo de pensamiento.

Václav, el tercer hermano, se rehusó a cooperar con sus captores; vagaba entre hogares para niños y era objeto de castigos brutales por su comportamiento rebelde. A finales de 1945, Josefina Napravilova, una humanista que había logrado localizar alrededor de 40 niños checos que habían sido dispersados después de la guerra, encontró a Vaclav en un campamento de personas desplazadas. Él tardó en poder confiar en ella, pero más adelante incluso apodó a Napravilova como su "segunda madre".

Elizabeth White, una historiadora del Museo Conmemorativo del Holocausto de los Estados Unidos, explica la dificultad que atravesaron los niños en su proceso de rehabilitación, ya que muchos de ellos fueron llevados a hogares alemanes des una corta edad y eventualmente olvidaron sus raíces checas.

Además de que constantemente eran maltratados y sometidos a ignorar sus costumbres, cultura, e idioma.

"Cuando los niños fueron encontrados y llevados de regreso ni siquiera recordaban cómo hablar checo" dice White. "La madre de una de las niñas sobrevivió a Ravensbrück, pero se enfermó de tuberculosis y murió cuatro meses después de su regreso. Al principio, cuando ellas hablaban necesitaban utilizar un traductor".

Martina Lehmannová, directora del Lídice Memorial, dice que los Nazis adoptaron Lídice como un símbolo de poder. En comparación con muchos de sus crímenes, los cuales permanecían ocultos para el mundo, los Nazis hicieron pública la destrucción del pueblo a través de programas de radio y videos de propaganda.

"Estaban orgullosos", agrega Lehmannová, refiriéndose al atroz acto de violencia que habían llevado a cabo. Lo portaban como una medalla de honor y comunicaban como una demostración de lo despiadados que podían llegar a ser para lograr su cometido.

. . .

Como explica White, hubo diversas razones por las cuales Los Aliados se contuvieron relativamente ante el Holocausto: la propaganda Nazi insinuaba que Los Aliados solo estaban librando la guerra para proteger los intereses judíos, y los aliados querían refutar esta afirmación. En los Estados Unidos un sentimiento antisemita iba en aumento, y muchas personas consideraban que Roosevelt estaba en demasiado en deuda con los judíos. Los Aliados también creían que un extenso conocimiento de la "Solución Final" conduciría a una demanda de aumento de cuotas de inmigración, lo que hubiera ayudado a los refugiados judíos, pero seguramente enfurecería a los nacionalistas que estaban en contra de la recepción de refugiados, y fomentaría una mayor inestabilidad sociopolítica dentro del país que ya se encontraba con problemas.

"Los Aliados enfatizaron que los Nazis eran una amenaza para toda la humanidad, y que la guerra era la libertad versus la esclavitud", agregó White. Gracias a la evidencia visual proporcionada por los Nazis, la masacre de Lídice se convirtió en una poderosa herramienta de propaganda para Los Aliados.

. . .

Esta se centraba en las atrocidades cometidas hacia los inocentes, Los Aliados estimularon el patriotismo sin alentar las afirmaciones sobre su excesivo interés a los asuntos judíos.

A pesar de que los Nazis fallaron en borrar a Lídice de la historia, White menciona que el ataque cumplió al menos uno de sus propósitos: "Dentro de Checoslovaquia, la masacre realmente condujo a la ruptura de la resistencia". Las impactantes acciones represivas de los Nazis habían logrado disuadir el movimiento de la resistencia, pero el pueblo checo no olvidó los horrores infligidos en Lídice. Lehmannová explica que el nombre del pueblo es muy similar a la palabra checa "lid", que significa "personas" y, después de la tragedia, Lídice representa los crímenes de los nazis contra todos los habitantes de Checoslovaquia.

En 1947, Lídice renació después del gran apoyo global que recibió. Los constructores pusieron la primera piedra del nuevo pueblo a 300 metros de su ubicación original, la que actualmente tiene un monumento a los habitantes asesinados.

. . .

Esta estatua se encuentra erguida en un jardín que posee más de 24,000 arbustos de rosas donados desde diferentes partes del mundo, y que representan la unión de lo viejo con lo antiguo. "Puedes saborear la sensación de distopía en el espacio vacío de la vieja Lídice y la sensación de utopía en la nueva aldea", dice Lehmannová.

Desde 1967, Lídice ha sido anfitrión de la Exposición Internacional Infantil de Bellas Artes: Lídice, una competencia anual en la cual jóvenes de todo el mundo presentan obras de arte basadas en temas como la biodiversidad, el patrimonio cultural y la educación. De acuerdo con Sharon Valášek, cónsul honorario del Medio Oeste en la República Checa, la masacre de Lídice "se convirtió en un símbolo del sufrimiento humano en todo el mundo", y la exposición fue concebida como una forma de hacer que la gente "piense en el sufrimiento humano en general, no necesariamente relacionado con Lídice".

Hoy en día, la próspera comunidad de Lídice es la prueba viviente de la resiliencia de sus habitantes, a pesar de que el proceso de reconstrucción no fuera para nada sencillo o rápido.

En 1967, el reportero Henry Kamm visitó el incipiente pueblo y habló con Miloslava Žižková una sobreviviente de Ravensbrück. Ella conocía las dificultades de regresar a Lídice, y señaló que no había escuela porque "todavía nos falta una generación". Žižková agregó, sin embargo, que Lídice era su hogar: "Aquí es donde tenemos nuestras raíces".

Justo a las afueras de la nueva población, una cruz de madera marca el lugar donde se encuentra la fosa común utilizada para enterrar a los residentes de Lídice asesinados, incluyendo al padre y abuelo de Žižková.

Fue gracias a la existencia de esa fosa que muchos de los habitantes que habían sido desterrados de su tierra encontraron una motivación lo suficientemente fuerte para regresar y tomar la reconstrucción de lo que alguna vez fue su hogar en sus propias manos.

6

La cronología del movimiento Nazi

Como ya hemos visto a lo largo de este libro, casi todos los movimientos de Alemania fueron planeados, calculados, y pensados con anticipación y detenimiento.

Una de las partes más importantes de la Segunda Guerra Mundial fue el orden de los sucesos y las motivaciones detrás de Hitler y el partido Nazi, ya que estos solo vuelven el propósito de la guerra aún más enigmático y cuestionable. Para poder comprender mejor la lógica detrás de las infames estrategias y decisiones militares alemanas, es necesario ver toda la imagen, es por ello que he decidido enlistar cronológicamente algunos de los sucesos que hemos discutido previamente en este libro.

La motivación de la guerra

El 1 de septiembre de 1939, las tropas alemanas invadieron Polonia, ya habíamos mencionado antes, y dio pie a lo que hoy conocemos como la Segunda Guerra Mundial, sin embargo, es necesario mencionar que el "problema polaco", como se le conocía al desdén que el partido Nazi le tenía hacia esta etnia en particular, fue esencial para la mentalidad y las terribles prácticas que estos pusieron en marcha durante la guerra.

Desde un punto de vista racial, los polacos eran vistos como individuos mixtos o mestizos, su origen era parcialmente alemán y su sangre se había combinado con otras nacionalidades distintas a lo largo de la historia, y esto los hacía peligrosos ante los ojos de los nacionalistas alemanes. Por lo tanto, la historia de las relaciones entre los alemanes y los polacos en un pasado fue caracterizada por un alto nivel de conflictividad, la última manifestación significativa de esta rivalidad fue el fin de la Primera Guerra Mundial, y el periodo agitado que vivió Alemania hasta 1994.

. . .

A través del tratado de paz se le atribuyeron amplias franjas orientales de territorio alemán al nuevo estado polaco, lo cual constituyó una amenaza a largo plazo a la integridad biológica y geográfica del estado alemán, al menos a los ojos de los líderes del Tercer Reich. En realidad, en las áreas anexadas a Polonia en 1918, la población alemana era percibida como individuos que habían sido víctimas de un proceso de "polificación" cultural, es decir, se les enseñaron prácticas, costumbres, y tradiciones polacas que naturalmente adoptaron como propias, y que puso en peligro su integridad como legítimos alemanes.

Esta fue la razón que motivó la agresión Nazi en Polonia. Para Hitler y sus acompañantes, el objetivo era borrar una de las más dolorosas consecuencias de la derrota de noviembre de 1918, y a la vez rescatar las comunidades *volksdeutsch* bajo la dilución racial y de identidad. También fue un paso de preparación hacia la conquista de *Lebensraum* (literalmente "espacio vital", hacía referencia al espacio adicional que necesitaría la nación para la expansión de la población alemana y la creación de una Mejor Alemania) que después se convertiría en las conquistas de Austria y Checoslovaquia.

. . .

Hitler realizó un ataque hacia una estación de radio en Gleiwitz, en el borde alemán (una táctica que había sido desarrollada por el Gestapo), como pretexto para atacar a Polonia. La invasión fue planeada cuidadosamente, dirigida desde los territorios del *Reich* y Pomerania por dos fuerzas armadas, quienes utilizaron un movimiento de avance en forma de tenaza, estrategia que les permitiría rodear a las tropas polacas, las cuales, previamente sabían, serían insuficientes para resistirse al creciente ejército alemán.

Las técnicas de combate y las decisiones estratégicas alemanas hicieron de esta primera invasión una guerra mortal. Los civiles fueron un objetivo potencial desde un principio, así fuese a través del bombardeo de centros urbanos e industriales, o a través de las prácticas agresivas de la infantería alemana. Por ejemplo, bajo este tipo de pensamiento que el *Einsatzgruppen* realizó sus primeras matanzas. Estos grupos móviles, conocidos así por su capacidad de ser fácilmente trasladados a los territorios ocupados, estaban compuestos de policías y oficiales de inteligencia que estuvieron oficialmente a cargo de "asegurar" los territorios invadidos.

. . .

Los judíos no fueron las primeras víctimas de estos asesinatos, no obstante, algunos de ellos fueron privados de su vida por "razones raciales". Sin embargo, según los reportes *Einsatzgruppen*, la mayoría de las víctimas fueron soldados de infantería los cuales habían sido dejados atrás debido al avance del ejército alemán, los *Wehrmacht*, y los miembros de las élites polacas locales, y todos estos fueron ejecutados "por razones de seguridad".

La cronología de la violencia Nazi

De agosto a septiembre de 1939, inicio la tercera fase de violencia Nazi. Esta fase es considerada particular, y la caracterizan los siguientes factores:

- *Einsatzgruppen* se interpuso durante los tiempos de guerra por primera vez.
- Expertos empezaron a mencionar el concepto de *Großraumwehrwirtschaft* (economía de guerra a gran escala, o economía de guerra imperial)
- El día del ataque en Polonia, Hitler les otorgó a los doctores permiso de aplicar la eutanasia a las personas con discapacidad.

Después también determinó el 1 de septiembre de 1939 como la fecha de su "profecía" del 30 de enero de 1939.

- La eugenesia, la reorganización geográfica y racial, y los asesinatos planificados fueron combinados para darle a la violencia Nazi una dimensión tan vasta que la misma historia reconoce probablemente ignorar los datos exactos de la cantidad de muertes que generó y las repercusiones a largo plazo que llegaron como consecuencia de ella.

Agosto 1939: El *Vierjahresplan* (planeación económica durante un periodo de cuatro años administrada por Goering) fue introducido; el concepto de *Großraumwehrwirtschaft* (economía de guerra imperial) fue usada por primera vez, ya que los datos relacionados con el dominio económico fueron tomados en consideración para el cálculo y beneficio de la economía alemana.

1 de septiembre, 1939: El mismo día que Polonia fue invadido, Hitler le otorgo a los doctores el permiso de aplicar la eutanasia a las personas que sufrían de alguna discapacidad física o mental; los recién nacidos fueron su primer objetivo (desde Julio), antes que se empezara la persecución de los adultos.

21 de septiembre de 1939: Las instrucciones de parte de Heydrich para el *Einsatzgruppen* especificó sus deberes retroactivamente, de acuerdo con la manera en la que se había hecho en Austria, el Sudetenland, Checoslovaquia y Polonia. No obstante, luego de seis semanas, el *Einsatzgruppen que* se encontraba despachado en Polonia asesinó a 12,000 personas.

1 de octubre, 1939: La RSHA fue fundada. *Reichssicherheitshauptamt* fue un paso más hacia la centralización y racionalización de las organizaciones nacionales involucradas en la máquina represiva de la SS. Los servicios de administración económica y de personal de la Kripo, Gestapo y la SD fueron unificados mientras que Heydrich redefinía la asignación de deberes entre el Gestapo y la SD.

6 de octubre de 1939: Hitler formuló un proyecto para reorganizar las "relaciones étnicas" europeas a través de operaciones de expulsión (Aly, 1995). Polonia se convirtió en caso de prueba de este esquema.

7 de octubre de 1939: Hitler le encomendó a Himmler la planificación y coordinación de las transferencias de población. La RKFdV (*Reichskommissariat für die Festigung deutschen Volkstums*), conocida como la Comisión del Reich para el refuerzo de la alemaniedad) combinó múltiples departamentos de la SS ya existentes (el *Volksdeutche Mittelstelle*, a cargo de apoyar las comunidades alemanas fuera del territorio de *Reich*, el *Rasse- und Siedlungshauptamt*, la oficina principal para la Colonización de otras Razas). Del mismo modo, creó varias nuevas oficinas, incluyendo una oficina de planificación dirigida por el SS *Oberführer* Pr. Konrad Meyer-Heitling, quien fue profesor de agronomía en la Universidad de Berlín, y responsable por planificación geográfica de Germanización.

18-21 de octubre, 1939: El primer grupo de judíos fue deportado desde Viena y Moravia al distrito de Lublin del Sur (Nisko-Einsatz). Stahlecker, el Viena BdS (jefe regional de la Gestapo y SD), y Adolf Eichmann, quien fue el supervisor operacional de las transferencias de población, y responsable de la "pregunta judía", llevó a cabo el primer intento de deportación masiva. Debido a razones de logística, la operación tuvo que ser pausada.

. . .

Este procedimiento improvisado resultó en un desastre que le causó sufrimiento a los deportados, muchos de los cuales murieron; estos fueron asesinados por la SS, a través de las inhumanas torturas de inanición y agotamiento.

26 de octubre, 1939: Los judíos que habitaban en Polonia fueron sometidos a trabajo forzoso bajo condiciones que posteriormente serían consideradas como tortura. Durante este periodo de tiempo, las dinámicas de ocupación y la explotación económica también fueron establecidas.

Segunda mitad de noviembre 1939: El *Fernplan Ost* fue el primer intento de planificación a largo plazo ("*Fernplan*") de los problemas de población en el Este de Europa, el cual estuvo compuesto para la RSHA *Sondergruppe III ES* (Dr. Hans Ehlich). Esta primera variación del tema "solución territorial al "problema judío"" fue escrita por el SD *Referat* (departamento) a cargo de los problemas raciales.

De manera similar que los polacos eran considerados sangre sucia, los judíos igualmente eran merecedores del odio Nazi, y este plan buscaba la erradicación total, o mayoritaria, de todos aquellos judíos en territorios ocupados que no hacían más que manchar la pureza de Alemania.

1 de diciembre, 1939: Inicio del proceso de deportación de los judíos que habitaban las provincias incorporadas (Warthegau, Silesia, Prusia del este) hasta el Gobierno General de Polonia.

19 de diciembre, 1939: Los *Amtschefs* de la RSHA tuvieron a una conferencia para establecer un proyecto con respecto a una "reserva de judíos" en Polonia. El día 21, el Sonderreferat Planung IVR de la Gestapo fue establecido; este fue de los principales organizadores de las deportaciones y la relocalización de colonizadores alemanes. Adolf Eichmann, había sido retirado de Austria, estuvo a cargo de dicha organización.

Enero 1940: *Aktion T4*

La ejecución de las personas declaradas "incurables" a través de monóxido de carbono dio inicio.

. . .

"*Aktion T4*" fue el nombre elegido para este programa, ya que la administración que lo organizó estaba establecida en Tiergartenstrasse número 4, en Berlín. Esta administración dependía directamente de la Cancillería de Hitler, y el personal incluía doctores, operadores logísticos y policías.

Konrad Meyer-Heitling (RKFdV) le presentó a Himmler un proyecto general para la planificación económica y humana en los territorios afiliados: este fue el primer *Generalplan Ost*. El documento planteaba germanizar el territorio polaco ya conquistado, mayormente por medio de las expulsiones de la población y la integración de alemanes "puros".

Enero 1940: El *Sonderreferat Planung IVR* de la Gestapo se convirtió en RSHA *Amt* IV D—4 (y luego IV B-4).

Eichmann fue elegido como el especialista en logística que mantendría la organización en orden. Esta fue la institución a cargo del aspecto operativo del proceso germanización. Se suponía que coordinaría la expulsión de los no alemanes, y el asentamiento de *Volksdeutsche* (alemanes étnicos) en los territorios ocupados.

30 de enero, 1940: Heydrich tuvo una conferencia respecto a la expulsión de los judíos y la evacuación de la población. Enfrentó oposición de parte de Göring, quien fue responsable por el plan de 4 años de la organización económica, y temía que esto pudiera llevar a la desorganización económica del Gobierno General de Polonia.

21 de marzo de 1940: El *Sondergruppe III* cambió a RSHA *Amt* III B, dirigido por Hans Ehlich. Este grupo estuvo a cargo de planear las transferencias de la población dentro de la RSHA. Supuestamente, debía colaborar con el *Amt* IV-D-4 de Eichmann, quien supervisaba el aspecto operacional de esta política. El *Amt* IIIB constituyó el último elemento de la administración policial central a cargo de la planificación y los territorios ocupados, y a partir de 1941 también de las operaciones de exterminio y deportación.

A principios de abril de 1940: El proyecto para crear una "reserva judía" en Lublin fue abandonado junto con todos los proyectos de transferencia de población, los cuales habían sido respetados al pie de la letra desde el *Fernplan Ost*. Este fue el primer fallo de la germanización de las instituciones.

A este punto, las ejecuciones de opositores políticos polacos iniciaron en oleadas.

9 de abril de 1940: Alemania atacó Dinamarca y Noruega.

24 de abril de 1940: La UWZ (*Umwandererzentralstelle* u Oficina de Inmigración Central) fue establecida. Esta era la agencia SD local a cargo de la expulsión de la población polaca con el fin de dejar espacio para los colonizadores alemanes, en el marco de las políticas de germanización de los territorios ocupados.

27 de abril de 1940: La deportación de gitanos dio inicio dentro del Gobierno General.

30 de abril de 1940: El ghetto Lodz fue cerrado y aislado.

7 de mayo de 1940: Nuevas operaciones de expulsión fueron puestas en marcha, deportando personas al Gobierno General de Polonia.

10 de mayo de 1940: Alemania atacó a Europa Oriental. Francia se hundió luego de pocas semanas. Bélgica y Holanda fueron ocupados.

Mayo 1940: Bruno Streckenbach, *BdS* (jefe regional del Gestapo y SD) Varsovia y el Gobierno General implementaron el *AB Aktion* (Operación de pacificación extraordinaria), el cual significaba disipar la intelectualidad polaca. Miembros de las élites sociales polacas dentro del Gobierno General fueron rastreados sistemáticamente, arrestados, y fusilados o enviados a campos de concentración. Durante este mismo periodo, las autoridades del *Reich* deportaron a los gitanos de Alemania Occidental hacia el Gobierno General de Polonia.

19 de mayo de 1940: Las primeras instrucciones fueron dadas al gueto de Varsovia. Estas fueron ejercidas a finales de junio. Hitler estuvo de acuerdo con la idea de se llevara a cabo un plan conocido como el "Plan Madagascar" (la deportación de los judíos a dicha isla). Dado que una solución territorial a través de deportación no parecía posible en los territorios orientales, los líderes Nazi empezaron a buscar una solución fuera de Europa.

24 de mayo de 1940: Bühler (del *Reich* Chancellery y *Aktion T4*) y Eichmann hablaron sobre la política antijudía. Los puntos discutidos en esta conversación hablaban de logística, no procesos de matanza. Sin embargo, es imposible descartar la posibilidad de que discutiesen sobre el problema de los judíos polacos enfermos, aquellos que no gozaban de una salud lo suficientemente buena para ser trasladados, y que no podían ser enviados a Madagascar.

Junio a agosto de 1940: El Ministerio Alemán de Relaciones Exteriores y la RSHA debatían el "plan Madagascar".

24 de junio, 1940: Heydrich propuso una "solución final" territorial al "problema judío", ya que "no pudo ser resuelta a través de la deportación".

27 de junio de 1940: Las autoridades alemanas decidieron dar entrada a la minoría *Volksdeutsche* romana "de vuelta a su tierra natal".

. . .

Julio 1940: Los judíos enfermos en las instalaciones alemanas fueron sistemáticamente asesinados, como parte de *Aktion T4*.

Finales de julio de 1940: Bruno Streckenbach fue encargado con la tarea de estimar el tamaño de las poblaciones judías en los territorios dominados por el *Reich*.

Agosto 1940: las primeras conversaciones fueron llevadas a cabo con el fin de atacar a Rusia.

Septiembre 1940: Finaliza la Batalla de Inglaterra. Alemania pospuso sus planes de invadir a Inglaterra, debido a que fue incapaz de apoderarse del espacio aéreo del país o del mar que lo rodeaba. El "plan Madagascar" fue abandonado, ya que hubiera sido imposible transportar a los judíos a la isla.

20 de octubre de 1940: Se emitieron instrucciones para hacer de la organización de Varsovia un sistema con mejor estructura.

. . .

De octubre 22 al 23, 1940: Los judíos de Baden fueron expulsados de Alemania y enviados a al sur de Francia. La transferencia de población tomó lugar en Alsacia-Lorena (Francia).

13 de noviembre de 1940: El esfuerzo de la RKFdV para relocalizar a los *Volksdeutsche* (alemanes étnicos) desde Tirol del sur y Europa oriental, a quienes planeaban usar como colonos, resultó demasiado complicado.

11 de noviembre de 1940: Inicia la expulsión de las personas de Alsacia y Lorena en el marco de proyectos para germanizar los territorios "reincorporados".

15 de noviembre de 1940: El gueto Varsovia fue cerrado y aislado.

Noviembre / diciembre 1940: Los judíos de Viena y de Alta Silesia fueron deportados hacia el Gobierno General.

. . .

8 de enero, 1941: Los líderes de la RSHA tuvieron una reunión en la cual Heydrich anunció la deportación de 810,000 judíos y polacos hacia el Gobierno General desde los territorios occidentales incorporados.

Enero 1941: Dieron inicio los estudios y trabajos de preparación correspondientes para llevar a cabo la germanización del distrito Lublin (Zamosc), (el laboratorio especial de las SS). Heydrich presentó un plan para la "solución del problema judío" el cual Himmler y Göring ordenaron.

28 de febrero, 1941: Richard Korherr, jefe de Estadística de la SS, justificó la deportación como un medio ser usado hacia la "solución al problema judío".

1 de marzo de 1941: Himmler inspeccionó y ordenó la expansión de Auschwitz, un campo de concentración esencialmente usado para los presos políticos polacos.

La deportación de la población hacia el Gobierno General fue organizada "de una vez por todas", a pesar de la oposición de las autoridades locales, representada por el Gobernador General, Hans Frank. Las organizaciones SS se dirigían en dirección a una solución territorial al "problema judío".

Marzo – abril, 1941: Se llevaron a cabo negociaciones entre *Wehrmacht* y la RSHA sobre los "deberes especiales" que deberían adoptar durante la futura invasión rusa. El sistema logístico de *Wehrmacht* fue establecido. Debía de alimentarse de los territorios ya ocupados y no esperar suministros de parte del *Reich*, como idea de Herbert Backe, ministro de suministros, y Eduard Wagner, quien fue responsable de la administración económica y logística de *Wehrmacht*. Para ellos, esto implicaba causarles la muerte a los habitantes de los principales centros urbanos de la Unión Soviética a través de inanición. Implícitamente, los judíos estaban destinados a ser las primeras víctimas de este acto de hambruna. Como escribió Wagner, algunas "decenas de millones de personas" iban "a morir de hambre".

26 de marzo de 1941: Durante una reunión entre Heydrich y Göring, Göring dio la autorización a sus hombres para dispararle a todo individuo que pareciera peligroso los territorios de la Unión Soviética que ya hubieran sido conquistados.

Entre abril y julio, la **RSHA** compuso "directivos para la solución al problema judío" que planeaban la deportación y eliminación de judíos soviéticos mediante trabajo forzoso en campos de trabajo, y aquellos que no fueran capaces de laborar serían enviados a las cámaras de gas.

Abril 4, 1941: La Operación 14f13 (la exterminación de personas con discapacidad mental y enfermedades incurables en los territorios ocupados de Polonia y en los campos de concentración) se puso en marcha. Una primera contingencia de hombres fue enviada a Polonia, de acuerdo a lo estipulado en *Aktion T4*.

Abril 6, 1941: Alemania invadió Yugoslavia y Grecia. Hitler corrió al rescate de las tropas italianas que invadieron el país un mes antes, pero que no avanzaba mucho debido a la resistencia ofrecida por las fuerzas griegas. Ambos países fueron "conquistados" en seis semanas. No obstante, la ocupación tuvo que enfrentarse a movimientos de resistencia armada los cuales gradualmente se volvieron más eficientes. Además, esto significó que las nuevas comunidades judías cayeron bajo el control alemán.

. . .

Abril – mayo 1941: Políticas de hambruna fueron implementadas en los barrios bajos de Polonia. La disminución de raciones de comida, junto con la desorganización de los sistemas de producción, hicieron que las muertes en los barrios bajos y pobres aumentaran.

La *Einsatzgruppen* recibió instrucciones y entrenamiento especializado para poder lidiar con la implementación de dichas políticas y la resistencia que pudieran llegar a oponer.

27 de mayo de 1941: Pr Clauberg propuso realizar campañas de esterilización masiva.

3 de junio de 1941: Las primeras masacres a poblaciones civiles griegas tuvieron lugar durante la invasión de Creta.

6 de junio de 1941: Se emitió el Kommissarbefehl. Esta orden confirmó que se esperaba que el *Wehrmacht* automáticamente ejecutara a categorías de población específicas, de acuerdo con las instrucciones Göring le había dado a Heydrich el 26 de marzo de 1941.

Estos grupos fueron definidos en términos de su estatus social o políticos (funcionarios públicos y miembros del Partido Comunista Soviético) pero también, en parte, en términos de criterio racial (todos los funcionarios judíos de rango medio y alto también eran considerados, por ejemplo).

7 de junio, 1941: La RSHA tuvo una conferencia sobre el *Einsatzgruppen*; Heydrich dio órdenes para liquidar funcionarios judíos, partisanos (miembros de grupos clandestinos de oposición), agitadores, etc. Es probable que las "directivas para el problema de los judíos" fueron la base de las instrucciones de Heydrich.

21 de junio de 1941: Himmler puso a la RKFdV a cargo de asignar una nueva versión del *GeneralplanOst*.

La guerra total y la violencia masiva

Después de que falló la invasión de Inglaterra, Hitler convenció a los altos mandos alemanes a prepararse para la conquista de la Unión Soviética.

. . .

Predominaron en su decisión ciertas consideraciones estratégicas, como la apropiación de la inmensa cantidad de recursos que poseía este país para usarlos en contra de Inglaterra. Mientras marchaban hacia el este para conquistar su "espacio vivo" los Nazis continuaban exponiendo su cosmovisión colonial en el este de Europa, lo que los llevó a la aspiración de esclavizar a las poblaciones eslavas que ya estaban bajo su control.

La manera en la que la operación Barbarossa fue llevada a cabo por uno de los ejércitos más grandes constituidos en Europa inmediatamente tuvo un gran impacto en el destino de estas poblaciones civiles.

Aunque la invasión era una respuesta a consideraciones estrategias vitales, también era una guerra política y racial en contra del "judío-bolchevismo". La agresión alemana en contra de la unión soviética permitió una fusión de los enemigos internos y externos dentro de la visión Nazi. A nivel militar, los soldados del ejército rojo jugaron un rol importante, ya que el Wehrmacht dejó morir de hambre a casi un millón de ellos. Para el principio de 1942, dos millones de prisioneros soviéticos habían fallecido.

. . .

22 de junio de 1941: Comenzó la Operación Barbarossa. Las tropas alemanas entraron en Rusia, sorprendiendo a las tropas soviéticas que estaban completamente abrumadas. Los Einsatzgruppen llegaron inmediatamente después; en su mayoría asesinaron a hombres, pero una cierta cantidad de mujeres también fueron asesinadas.

16 de agosto de 1941: Por primera vez, los informes de Einsatzgruppen mencionaron la masacre de mujeres y niños. Durante el otoño, un informe declaró que los Einsatzgruppen "... no podían ser una solución rápida el problema de los judíos". Himmler viajó a Minsk.

Asistió a una "Operación Especial" allí. En este punto, es probable que se dieran órdenes de radicalizar las prácticas de matanza.

24 de agosto de 1941: Hitler puso fin a Aktion T4, bajo la presión de la opinión pública y las Iglesias.

29-30 de septiembre de 1941: En la masacre de Babi-Yar, en Ucrania, 33.371 judíos fueron ejecutados por el Einsatzgruppe C-Sonderkommando 4a y el 45º Batallón de Policía en dos días.

Principios de octubre de 1941: Comenzaron los asesinatos en masa en Serbia, y también en Galicia. Los camiones de gas se utilizaron por primera vez en Chelmno.

Finales de noviembre de 1941: 100 hombres del personal técnico de Aktion T4 fueron enviados a los campos polacos (Belzec y Chelmno). Y así comenzó el nacimiento de Aktion Reinhard (el plan nazi para asesinar judíos polacos en el Gobierno General, utilizando campos de exterminio). Este nombre secreto se utilizó para la operación a partir de julio de 1942.

7 de diciembre de 1941: Se llevó a cabo el ataque japonés a la base estadounidense en Pearl Harbor. La Conferencia de Wannsee fue pospuesta. El OKW publicó el decreto "Nacht und Nebel" (de acuerdo a este, ciertos presos políticos debían ser ejecutados, arrestados y deportados en total secreto).

. . .

11 de diciembre de 1941: Alemania le declaró la guerra a los Estados Unidos de América. A partir de este momento, la guerra no solo fue inevitable, sino también global. Y en enero de 1939, Hitler había predicho que "si los judíos lograban arrojar a Alemania a un conflicto mundial de nuevo, entonces no conduciría a la bolchevización de Europa, sino al exterminio de la raza judía". Había llegado el momento. Hitler percibió esta declaración de guerra como una maniobra provocativa de los judíos estadounidenses, cuya hostilidad hizo inevitable la guerra con los Estados Unidos.

16 de diciembre de 1941: Hans Frank le reveló la "Solución Final" a través del exterminio planeado por el Gobierno General a su personal privado.

18 de diciembre de 1941: Durante una reunión entre Hitler y Himmler, el comandante alemán autorizó la "Solución Final" a través del exterminio. La decisión de diciembre de 1941 deja en claro el papel de Hitler en la violencia implementada con las políticas.

. . .

Como siempre, su influencia hizo que la política antijudía fuera más radical, creando estrategias y emitiendo decretos que sus representantes en el campo de batalla transformaron en acciones concretas e iniciativas mortales. Con respecto a esta decisión, Hitler simplemente definió un principio: el cambio en la naturaleza de lo que los nazis llamaron la "Solución Final el problema judío" que, en este punto, se orientó hacia el exterminio completo. Los métodos de implementación de este principio, su programación, y planificación se los encargó a sus fieles lacayos – Himmler y Heydrich.

La exterminación total de los judíos en Europa

En primer lugar, desde el invierno de 1940 y los primeros seis meses de 1941, los líderes nazis habían estado considerando el uso de la hambruna como un arma para "reducir" las poblaciones judías presentes en los territorios ocupados de Europa del Este. En este período, el punto no era el exterminio directo, sino más bien indirecto; además, el programa no estaba orientado a la eliminación total de estas comunidades judías.

. . .

Sin embargo, a partir de abril y mayo de 1941, las políticas cambiaron drásticamente con un único objetivo: erradicar a todos los judíos en territorios nacionales y ocupados. Estos planes se mantuvieron en secreto, pero aquellos que ya se encontraban en los campos de concentración fueron testigos de la total tiranía y crueldad con las que estos se implementaban. Por ejemplo, En Auschwitz, Rudolf Höß y Adolf Eichmann desarrollaron el de exterminio a desde septiembre de 1941, "probando" el uso Zyklon B, el letal gas que era usado en las cámaras, en prisioneros de guerra soviéticos. Este programa se sintetizó con la ayuda de la instalación de grandes cámaras de gas que utilizaban el Zyklon B en Birkenau. A partir de la primavera de 1942, como la habíamos mencionado antes, Auschwitz se convirtió en el lugar de exterminio para la mayoría de las víctimas de Europa occidental y meridional, de Hungría y de ciertos territorios polacos.

15 de febrero de 1942: El primer convoy de la RSHA, numerado IV - B4, fue enviado a Auschwitz y las personas a bordo fueron pasadas por las cámaras de gas inmediatamente. Estas víctimas eran judíos de Silesia.

. . .

Este fue el primer convoy organizado y planificado por Adolf Eichmann como lo estipulaba el programa de exterminio definido durante la Conferencia de Wannasee.

17 de marzo de 1942: Comenzaron los asesinatos en masa en Belzec usando gas.

4 de junio de 1942: Muere Reinhard Heydrich. En su funeral, Himmler ordenó a su personal que implementara la Solución Final a través del exterminio en el periodo de un año. Se produjo una aceleración dramática en el ritmo de los asesinatos y el exterminio de los judíos de Polonia fue nombrado secretamente como "Aktion Reinhard", en honor a Reinhard Heydrich.

Otoño de 1942: Una fase de construcción de campos de trabajo forzado comenzó en el Gobierno General.

1943: Alemania invade Italia y los territorios ocupados por las fuerzas italianas.

. . .

Más tarde, la mayoría de los judíos fueron detenidos y arrestados en estos territorios (particularmente en el oeste de Grecia y las islas del Dodecaneso).

19-22 de junio de 1944: Comenzó la gran ofensiva rusa en Bielorrusia. El Army Group Center de Wehrmacht colapsó; 200.000 soldados alemanes fueron vueltos prisioneros en la ciudad de Minsk. A partir de ese momento, las tropas alemanas se encontraban en una situación desesperada. De esta forma, el exterminio de los judíos húngaros continuó al ritmo más rápido posible.

7 de agosto de 1944: Comenzó el juicio de los conspiradores militares alemanes que habían planeado el intento de asesinato de Hitler. Este evento marcó el comienzo de una radicalización extrema de las políticas de represión nazi contra las poblaciones del Reich.

1 de noviembre de 1944: Llegaron órdenes de detener el asesinato de los detenidos en Auschwitz.

. . .

12 de enero de 1945: Comenzó la gran ofensiva de invierno soviética.

21 de enero de 1945: Las cámaras de gas de Auschwitz fueron destruidas. Las marchas de la muerte habían comenzado tres días antes... Estos eventos marcaron el final de la fase industrial y del asesinato en masa de los judíos. Sin embargo, comenzó la última fase de su persecución: los militares alemanes generaron un inmenso flujo de detenidos que fueron evacuados hacia el oeste en marchas masivas. Las condiciones bajo las que se organizaron, la urgencia requerida por los mandatos superiores, y la furia vengativa de los guardias que ya no podían ignorar la inminente derrota a la que se enfrentaban, les costaron la vida a miles de prisioneros. Hasta el día de hoy, todavía no podemos llevar a cabo un recuento confiable de estas víctimas.

27 de enero de 1945: Las fuerzas soviéticas tomaron Auschwitz.

6 de abril de 1945: Comenzó la evacuación del campo de Buchenwald.

15 de abril de 1945: Bergen-Belsen fue liberada.

2 de mayo de 1945: El campo croata Ustashi de Janosevac fue liberado.

5 de mayo de 1945: El campo de Mauthausen fue liberado.

8-9 de mayo de 1945: Rendición total de la Alemania nazi.

7

Los juicios de Núremberg

Todos los actos que mencionamos a lo largo de este libro fueron demasiado despiadados y sin escrúpulos para permanecer impunes, es por eso que, cuando casi por arte de magia el partido Nazi finalmente sucumbió, se llevaron a cabo una serie de juicios en la ciudad de Núremberg, en Alemania, entre 1945 y 1949, que son actualmente conocidos como "los juicios de Núremberg".

Estos juicios fueron realizados con el propósito de llevar a la justicia a los criminales de guerra Nazis.

Los enjuiciados, quienes incluían funcionarios del partido alemán y oficiales de alto rango, junto con magnates industriales, abogados y doctores, fueron indirectamente acusados de crímenes en contra de la paz y la humanidad. El líder Nazi Adolf Hitler , como bien se sabe históricamente, se suicidó durante los últimos días de la guerra, y este acto final de cobardía impidió que fuera presentado ante la corte y enjuiciado en conjunto con sus más fieles seguidores.

Aunque las justificaciones legales para realizar los juicios y sus procesamientos innovadores fueron controversiales para la época, los juicios de Núremberg son ahora considerados como un pilar hacia el establecimiento de una corte internacional permanente, y como un importante precedente para abordar futuras instancias de genocidio, así como otros crímenes de lesa humanidad.

El camino hacia los juicios de Núremberg

Como hemos visto en los capítulos anteriores, poco después de que Adolf Hitler llegara al poder como canciller de Alemania en 1933, él y su gobierno Nazi comenzaron a implementar políticas diseñadas para perseguir personas judías–alemanas y otros supuestos enemigos del estado Nazi. Durante la siguiente década, estas políticas fueron en aumento siendo cada vez más represivas y violentas, dando como resultado que, para el término de la Segunda Guerra Mundial en 1945, el estado había patrocinado el asesinato de alrededor de 6 millones de judíos europeos junto con un estimado de 4 a 6 millones de no judíos. Sin embargo, algunos historiadores proponen que estas cantidades se encuentran en el límite inferior, gracias a que, como se ha mencionado antes, las prácticas violentas y de tortura Nazi fueron puestas a prueba dentro de la organización del partido mucho antes de que Hitler llegara al poder y la guerra fuera declarada.

En diciembre de 1942, los líderes aliados de Gran Bretaña, Estados Unidos y La Unión Soviética "emitieron la primera declaración conjunta oficial señalando el asesinato en masa de judíos europeos y la resolución de enjuiciar a los responsables de la violencia contra la población civil" de acuerdo con el Museo Conmemorativo del Holocausto de los Estados Unidos (USHMM). Joseph Stalin, el líder soviético, inicialmente propuso la ejecución de entre 50,000 a 100,000 oficiales del estado mayor alemanes.

. . .

El primer ministro Británico Winston Churchill discutió la posibilidad de ejecuciones extrajudiciales (ser ejecutados sin llevar a cabo un juicio) para los Nazis de alto rango, pero fue persuadido por los líderes estadounidenses que señalaban que un juicio penal sería más eficaz.

¿Por qué la necesidad de enjuiciar, públicamente, a estos despiadados criminales que se habían ensuciado las manos con la sangre de millones de personas inocentes? Para muchos, las ejecuciones sin juicio eran vistas como otra forma más de violencia sin sentido.

Después de la guerra, muchos pueblos estaban cansados del miedo, la muerte, y la sangre. A pesar de saber todas las atrocidades que Alemania había cometido, la gran mayoría quería únicamente entrar a un tiempo de paz. La mayoría de los países se encontraban sumergidos en la pobreza, ya que todos sus recursos habían sido invertidos en la guerra, y el proceso a la reparación y reconstrucción de sus países sería uno lleno de dolor y hambruna.

. . .

Entre algunas ventajas que, adicionalmente, se podían observar de realizar un proceso penal, se encuentra la exigencia de documentar los delitos imputados a los acusados, con lo que se evitarían acusaciones posteriores donde los acusados habían sido condenados sin evidencia. De esta forma, la historia no sería la única testigo de las barbaridades cometidas por estos personajes, y quedaría registro legal, oficial, e internacional de todos los crímenes cometidos por las fuerzas de Hitler en contra de hasta el más pequeño de los seres vivientes.

En el camino, se encontraron muchas dificultades legales y de procedimientos que se debían superar para poder llevar a cabo los juicios de Núremberg. Primero, no existía precedente para juicios internacionales de criminales de guerra. Existieron casos anteriores de enjuiciamiento por este tipo de crímenes, como la ejecución del oficial del ejército confederado Henry Wirz, por su maltrato a los prisioneros de guerra de la Unión durante la Guerra Civil Estadounidense, y la corte marcial llevada a cabo por Turquía en 1919 – 1920 para castigar a los responsables del genocidio armenio de 1915 – 1916.

. . .

Sin embargo, esos juicios fueron realizados de acuerdo con las leyes de una sola nación en lugar de, como es el caso de los juicios de Núremberg, un grupo de cuatro potencias (Francia, Gran Bretaña, la Unión Soviética y los Estados Unidos) con diferentes tradiciones y prácticas legales.

Los Aliados eventualmente establecieron las leyes y procedimientos para los juicios de Núremberg con La Carta de Londres del Tribunal Militar Internacional (IMT), emitida el 8 de agosto de 1945. Entre otras cosas, la carta definió tres categorías de delitos: crímenes contra la paz (incluyendo la planeación, preparación, iniciación o declaración de guerra que lleven a la agresión o violación de acuerdos internacionales), crímenes de guerra (incluidas las violaciones contra las costumbres o leyes de guerra, así como el trato indebido de civiles y prisioneros de guerra) y por último, crímenes de lesa humanidad (incluido el asesinato, la esclavitud, deportación de civiles o la persecución por causas políticas, religiosas o raciales).

Después de la emisión de la carta, fue determinado que tanto los oficiales civiles como los oficiales militares serían acusados de crímenes de guerra.

Ante los ojos de la nueva ley aliada, aquellos, incluso bajo coerción, eran igual de culpables de estas atrocidades como los altos mandos que los mantenían bajo control.

La ciudad de Núremberg (también conocida como Núremberg) localizada en el estado alemán de Baviera fue seleccionada como la locación del juicio porque su Palacio de Justicia se encontraba relativamente intacto después de la guerra, además de que poseía un área de prisión lo suficientemente grande para albergar a todos los individuos que esperaban ser enjuiciados. Adicionalmente, Núremberg había sido el escenario de las manifestaciones anuales de propaganda Nazi, y el hecho que la celebración de los juicios de posguerra se llevaran a cabo en este lugar marcó el fin simbólico del gobierno de Hitler, el Tercer Reich que había aterrorizado a Europa y el mundo por muchos años.

El juicio de los principales criminales de guerra: 1945-1946

El juicio más conocido de los realizados en Núremberg fue el Juicio de los principales criminales de guerra, miembros de alto rango de la SS y algunos de los individuos de la Orden de Comando, celebrado del 20 de noviembre de 1945 al 1 de octubre de 1946. El formato del juicio fue una mezcla de tradiciones legales: hubo fiscales y abogados defensores de acuerdo con las leyes británicas y estadounidenses, pero la decisión y sentencia era impuesta por un tribunal (un panel de jueces) en lugar de un solo juez y un jurado. El fiscal estadounidense en jefe fue Robert H. Jackson, juez asociado de la Corte Suprema de Estados Unidos. Cada uno de los cuatro poderes aliados proporcionó dos jueces: un juez principal y un suplente.

Veinticuatro personas fueron acusadas, junto con seis organizaciones nazis determinadas como criminales (como la mencionada anteriormente "Gestapo" o la policía secreta del estado). Se declaró que uno de los acusados no se encontraba en condiciones de soportar un juicio por razones médicas, mientras que un segundo acusado se suicidó incluso antes de que el juicio comenzara. Hitler, como mencionamos anteriormente, y dos de sus asociados principales, Heinrich Himmler y Joseph Goebbels, se suicidaron en la primavera de 1945 antes de que pudieran ser llevados a juicio.

. . .

Los acusados tenían permitido elegir a sus abogados, y la estrategia de defensa que estos utilizaron más comúnmente fue alegar que los crímenes definidos en la Carta de Londres eran ejemplos de leyes ex post facto; es decir, eran leyes que penalizan acciones cometidas antes de la redacción de estas. En varios sistemas legales, este tipo de defensa podría funcionar, debido a que la retroactividad de la ley no es aplicable, sin embargo, el panel de jueces decidió que, aunque la defensa era, en realidad, válida, la severidad de los crímenes y los efectos que estos tendrían económica, social, y políticamente a largo plazo debían ser castigados de alguna manera.

Otra defensa común argumentaba que el juicio era una manera de justicia del vencedor: Los Aliados estaban aplicando severos estándares a los crímenes cometidos por los alemanes e indulgencia para los crímenes que llegaron a cometer sus propios soldados. Por supuesto, gracias a que el panel entero estaba compuesto de jueces aliados, esta defensa no tuvo el impacto necesario para abstener a los criminales.

Como los acusados y los jueces hablaban cuatro diferentes idiomas, el juicio propició la introducción de una herramienta tecnológica innovadora que actualmente es tomada por sentado: la traducción instantánea. La IBM (International Business Machines) proporcionó la tecnología, además de reclutar hombres y mujeres de centrales telefónicas internacionales para que proporcionaran traducciones al instante a través de auriculares en inglés, francés, alemán y ruso.

Al final, el tribunal declaró a todos los acusados culpables, con excepción de tres. Doce de ellos fueron sentenciados a muerte, uno en ausencia, mientras que el resto fueron sentenciados a pasar en prisión condenas que empezaban desde los 10 años de encarcelamiento hasta cadenas perpetuas. Diez de los condenados fueron colgados el 16 de octubre de 1946. Hermann Göring, el sucesor designado de Hitler y jefe de "Luftwaffe" (Fuerza aérea alemana), se suicidó la noche antes de su ejecución con una cápsula de cianuro que escondía en un frasco de medicamento para la piel.

Juicios Subsecuentes: 1946 – 1949

Después del juicio de los principales criminales de guerra, tuvieron lugar 12 juicios más en Núremberg.

Estos procesos duraron de diciembre de 1946 a abril de 1949, están agrupados como los Procedimientos posteriores de Núremberg. Se diferencian de los primeros juicios en que se llevaron a cabo ante tribunales militares de Estados Unidos en vez del tribunal internacional que decidió el destino de los principales líderes nazis. La razón de este cambio fueron las crecientes diferencias que se estaban presentando entre los cuatro Aliados que hacían ya imposible poder ejecutar otro juicio conjunto. Los juicios posteriores se llevaron a cabo en el mismo lugar en el Palacio de Justicia de Núremberg.

En estos procedimientos fueron incluidos los juicios de los médicos (9 de diciembre de 1946 – 20 de agosto de 1947), en donde 23 acusados fueron enjuiciados por crímenes de lesa humanidad, incluyendo experimentos médicos realizados con prisioneros de guerra. En el juicio de los jueces (5 de marzo de 1947 – 4 de diciembre de 1947), 16 abogados y jueces fueron acusados de promover el plan Nazi para la pureza racial mediante la implementación de las leyes de eugenesia del Tercer Reich.

. . .

Otros juicios subsecuentes fueron: los que trataban a los líderes industriales alemanes, a quienes se les acusaba de utilizar mano de obra esclava y saquear los países ocupados; los de oficiales de alto rango del ejército acusados de atrocidades contra prisioneros de guerra; y oficiales de la SS (Schutzstaffel o escuadras de protección) acusados de violencia contra los reclusos en los campos de concentración.

De las 185 personas acusadas en Los Juicios Subsecuentes de Núremberg, 12 fueron recibieron pena de muerte, 8 fueron sentenciados a cadena perpetua, y los 77 restantes fueron condenados a prisión de con variación en el tiempo de sentencia según se encuentra registrado en el Museo Conmemorativo del Holocausto de los Estados Unidos. Después de un par de años, y gracias a apelaciones y reglamentos de liberación temprana, algunas de las sentencias originales infringidas en los juicios se vieron reducidas.

Secuelas de los juicios

Los Juicios de Núremberg fueron controversiales incluso entre los que deseaban que los principales criminales fueran castigados. Harlan Stone, el presidente de la Corte Suprema de los Estados Unidos quien estaba activo durante ese periodo, describió el proceso como un "fraude santurrón" y una "fiesta de linchamiento de alto grado". William O. Douglas, el entonces juez asociado de la Corte Suprema de Estados Unidos, dijo que Los Aliados "sustituyeron el poder por principios" en Núremberg.

Sin embargo, la mayoría de los espectadores considera que estos juicios fueron un avance hacia el establecimiento del derecho internacional. Los hallazgos en Núremberg condujeron directamente a la realización de la Convención de las Naciones Unidas sobre el Genocidio (1948) y de la Declaración Universal de Derechos Humanos (1948), así como la Convención de Ginebra sobre las Leyes y Costumbres de la Guerra (1949). Adicionalmente, El Tribunal Militar Internacional proporcionó un precedente útil para los juicios de guerra japoneses en Tokio (1946 – 1948); el juicio del líder Nazi Adolf Eichmann (1906 – 1962) llevado a cabo en 1961; además en el establecimiento de tribunales para los crímenes de guerra cometidos en la ex Yugoslavia (1993) y en Ruanda (1994).

Conclusión

Sin duda la llegada de Adolf Hitler al poder, la creación del partido Nazi, la persecución activa de los judíos y otras etnias consideradas como "sangre sucia", y el total genocidio de las mismas son algunos de los eventos más despreciables de la historia alemana. Sin embargo, es bueno saber que, entre tanta crueldad y oscuridad, existió una luz al final del túnel.

Los juicios de Núremberg eran precisamente eso.

No importaba que hubieran sido liberados, los espíritus, cuerpos, y almas de los prisioneros albergados en los campos de concentración se encontraban rotos desde mucho tiempo atrás, pero la mera ilusión de poder ver a sus captores y abusadores llevados ante la justicia podía darles, por primera vez en mucho tiempo, una sensación de paz, de que la vida era capaz de continuar, y que, eventualmente, todo regresaría a la normal.

Las voces y memorias de todos aquellos que murieron a manos de los alemanes no han desaparecido, permanecen inmortalizadas en los diferentes museos y monumentos que se alzaron alrededor del mundo, Alemania incluida, como el Museo del Holocausto en Estados Unidos, o el monumento a los judíos en Berlín, el cual se construyó con el fin de conmemorar a las víctimas perdidas durante la guerra.

Lídice es otro ejemplo de la evolución que hemos tenido desde entonces como humanidad, manteniéndose aún erguida a pesar de, en algún punto, haber desaparecido por completo de la faz de la tierra, y ahora ha sido inmortalizada como un pueblo próspero y con un parque protegido y galerías que nos recuerdan el oscuro día en la que la masacre tomó lugar.

. . .

Aún nos queda un largo camino por delante, y aunque somos incapaces de borrar la historia y todos los atroces actos y asesinados cometidos por el partido nacionalista alemán, ciertamente podemos aspirar a aprenderla con detenimiento, aprender de los errores cometidos, y concentrarnos en construir un mundo donde la mera idea de un genocidio inspirado racialmente nos cause repulsión.

www.ingramcontent.com/pod-product-compliance
Lightning Source LLC
LaVergne TN
LVHW021718060526
838200LV00050B/2729